第二言語学習の心理

（個人差研究からのアプローチ）

編著▶福田倫子｜小林明子｜奥野由紀子　著▶阿部 新｜岩﨑典子｜向山陽子

まえがき

　第二言語習得の分野において学習者の個人差に関する研究が行われるようになった背景には，世界の人々の移動や交流の活発化がある。日本でも海外人材の受入れが進みつつあり，日本語学習者は留学生だけでなく，定住者，年少者，一時的な滞在での労働者など多様化している。そして，言語教育者にはこのことを理解し，よりきめ細やかな支援に結び付ける力が求められている。

　第二言語習得研究の歴史はそれほど長いものではない。しかし，学習者の使用言語，独自の言語体系などの言語的側面に加えて，認知面，社会文化面など様々な側面に注目し，習得のメカニズムを明らかにしようとする試みが続けられてきた。近年では，個人差を含めた様々な要因が相互に作用し，生み出される習得の多様性を解釈しようとする研究も見られるようになっている。このように，第二言語習得に関わる要因がさらに複雑化する中で，習得の多様性を生む個人差要因への注目は高まっている。

　これまで個人差要因を扱った学術書は何冊か存在するが，日本語学習者に関する個人差研究をまとまった形で読むことができるものは少ない。そこで，日本語教育分野の個人差研究を概観し，今後の展望や課題を示すことを目的として執筆したのが本書である。

　本書は，第二言語習得に関わる個人差について基本的な知識を持つ大学生・大学院生や，この分野に興味を持つ言語教育関係者および研究者を対象にしているが，研究や教育の枠にとらわれず，できるだけ多くの方に手に取っていただければ嬉しい限りである。

　最後に本書の執筆に当たっては多くの方からご助力いただいた。また，企画の段階から本書の完成に至るまで，くろしお出版の池上達昭氏

に大変お世話になった。企画が実現するようご助言くださり，最後まで
見守ってくださった池上氏にこの場を借りて心よりお礼を申し上げた
い。

2022 年 7 月

編著者　　福田倫子

小林明子

奥野由紀子

目 次

第 1 章

第二言語習得における個人差

1. はじめに

　ほとんどのヒトが第一言語 (以下，L1) を問題なく習得するのとは異なり，第二言語 (以下，L2) の到達度は一様ではない。なぜそのような違いが生じるのかという疑問を持つ研究者によって，この問題に関する多くの研究や議論がなされ，現在も継続している。

　第二言語習得 (Second Language Acquisition：以下，SLA) に関する個々の学習者における違い，すなわち個人差 (individual differences) にはどのような要因が関与すると考えられているのだろうか。本書では「学びの成り立ちに大きな影響を与える」(小嶋他, 2010, p. vii) とされる、学習者に関わる要因を個人差要因として取り上げ，研究動向について論じていく。なお，「個人差」の定義は，Dörnyei & Ryan (2015, p. 2) に従い，「個人が互いに異なることが示される特徴あるいは特性」とする。

　ところで，どのような要因を個人差要因とするかについては研究者によって考え方が異なる。SLA 研究における学習者の個人差要因を比較的早い段階でまとめた Skehan (1989) では，言語適性，動機づけ，言語学習ストラテジー，外向性と内向性，リスクテイキング，知性，場独立性とその他の認知的能力，第二言語不安が取り上げられている。2000年以降の個人差要因について言及している文献 (e.g., スパダ・ライトバ

ウン, 2014; 津田塾大学, 2006; Dörnyei & Ryan, 2015; Ellis, 2004; Williams et al., 2016）である程度共通して抽出されているものには，認知的な要因としてワーキングメモリ，言語適性，学習ストラテジー，学習スタイル（認知スタイル）などがあり，情意的な要因として，性格，ビリーフ、第二言語不安，動機づけ等がある。また，複数の文献において言語適性と動機づけはL2学習の成功に最も影響を与える要因であると主張されている（Dörnyei & Ryan, 2015; Dörnyei & Skehan, 2003; Ellis, 2004）。2010年以降には，自律性，自己制御，自尊感情，自己調整学習のような自身のコントロールに関わる要因，さらに言語を通して自身の在り方を構成する要因となるアイデンティティのように，一人ひとりの個別性をより尊重する視点が個人差要因の研究に加えられるようになった（e.g., 鈴木, 2017; スパダ・ライトバウン, 2014）。本書では，多くの文献で取り上げられており，また今後の発展が期待できる要因としてワーキングメモリ，言語適性，ビリーフ，第二言語不安，動機づけ，アイデンティティを取り上げる。個別の存在である学習者が備えているこれらの個人差要因を取り出し，検討していく。

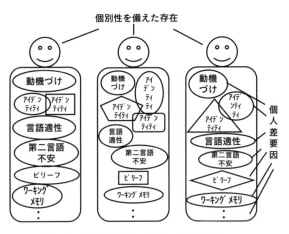

図1-1　個人差要因と個別性のイメージ

　個人差の各要因について詳しく述べる前に，本章では，2 節でその前提となる SLA 研究の変遷から個人差の捉え方を概観し，3 節で個人差要因研究全体の動向および各章の概要を紹介する。

2.　SLA 研究と個人差の捉え方についての変遷

　SLA 研究という分野が確立してまだ 60 年ほどである。しかしその間，様々立場からの研究によって発展，転換しながら，今も進化は続いており，個人差に対する捉え方も変化してきている。本章では，SLA 研究の変遷から個人差の捉え方についての変化を見ていく。

　第一言語習得 (First Language Acquisition：以下，FLA) と SLA の大きな違いの 1 つは，その言語より先に習得している言語があるかないかということである。認知的発達と共に習得していく子どもの FLA と異なり，大人の SLA の場合には，すでに認知的発達が備わっていると考えられる。また先述したように，FLA の場合，成人した L1 使用者の間でその到達度に大きな個人差はないが (語彙や表現力は別として)，SLA の場合には習得の到達度に大きな個人差が見られる。一方で，FLA の発達過程と SLA の発達過程には，同様の目標言語の体系ではない形式 (Non-target-like: NTL) が見られるなど，共通点も多い。このような FLA との相違点や共通点は，SLA のメカニズムを解明するうえで重要なヒントをもたらすものであり，SLA 研究は FLA 研究と共に発展してきた。

　SLA 研究の萌芽期にあたる 1950 年代終わりから 60 年代はじめ，L1 と L2 の相違点は L2 の言語学習の困難点となる (Lado, 1957) と考えられていた。つまり，SLA 過程に生じる「誤り」[1] は主として L1 との相違

---

[1]　SLA 研究では，これまで，L2 を習得する際に起こるその言語の規則から逸脱した使用のしかたを「エラー」，「誤り」，「誤用」と呼んできた。しかし，SLA 研究では近年，言語使用の際の間違いを「失敗」というニュアンスを持つ呼び方で良いのか，疑問に思う研究者も増えてきている。現在では，SLA の研究者や外国語の指導者の間でも用語自体が再考され始めている (奥野他, 2021)。本稿でも「NTL (non-target-like；目標言語で使われる (文法) 形式とは異なるもの)」と，より中立的な表現を用いる。ただし用語の変遷について触れる場合には，時代により使われていた用語「誤り」や「エラー」を用いる。

点によって引き起こされると考えられ，L1 の L2 への影響は干渉 (inter-
ference) と呼ばれた。また，「誤り」の産出を繰り返すとそれが習慣と
なり定着すると考えられたため，徹底的に直すべきであると考えられて
いた。そして，困難点や難易度は L1 と L2 を比較し，類似点と相違点
を明らかにすることで「誤り」を予測し，事前に防ぐ手立てができると
考えられ，対照言語分析 (contrastive analysis) が盛んになされた。こ
の背景には，当時心理学で隆盛を極めた行動主義の考えがあり，L1 で
の習慣が L2 での行動に反映されると考えられていた。また，同じ L1
を持つ学習者は同じ SLA 過程を辿り，同様の NTL を産出するという
考え方からわかるように，個人差要因は SLA の主要な要因とは見なさ
れていなかった。

　しかし，Corder (1967) の「学習者のエラーの意義 (The significance
of learner's errors)」という論文が，SLA 研究界に大きな転換をもた
らす。コーダーは，まず，学習者の「誤り」をミステイク (mistakes)
とエラー (errors) に区別し，ミステイクは偶発的な言い間違えである
のに対して，エラーは学習者の発達過程にある能力に起因すると考え
た。つまり，学習者のエラーは発達段階を知る重要な手がかりであると
考えたのである。そして，学習者のエラーは排除すべき悪者ではなく，
教師にとっても，研究者にとっても，学習者本人にとっても有用なもの
であると主張した。そして，この論文をきっかけに，学習者の言語使用
のエラーを分析する誤用分析 (error analysis) が盛んに行われるように
なった。また，言語的要因だけでなく，認知的要因や情意的要因によっ
ても生じる学習者のエラーを尊重するというこの考えは，後に学習者中
心 (learner-centered) の教育アプローチへ発展していく大きな契機にも
なった。

　この主張の根底には，学習者には埋め込まれた発達のルートがあると
いうビルトイン・シラバス (built-in syllabus) の考えがある。この考え
は，当時，行動主義を批判し言語学界を席巻していたノーム・チョムス
キー (Noam Chomsky) による，ヒトは先天的に言語獲得装置 (Lan-

guage Acquisition Device: LAD) を持ち，自然にことばを獲得するとい
う理論，普遍文法 (Universal Grammar: UG) にも影響を受けている。
しかし，エラーを尊重し，分析するという点においては，言語使用を対
象とせず，言語知識のみに関心がある生得主義者の考えとは異なる。ま
た当時 FLA では，生得主義 (nativism) の考えとは正反対ともいえる，
ことばは生まれた後の環境により習得されるという創発主義
(emergentism) による言語習得観もあった。創発主義の代表的な研究
者であるマイケル・トマセロ (Michael Tomasello) は，ヒトは他の動物
とは異なり，特定のコミュニケーション行動を生得的に持って生まれて
くることはなく，子どもは成熟した言語使用者，つまり大人との長い年
月にわたる日々のやりとりが L1 の完成には必要だと考えた。そして，
チョムスキーの言語獲得装置が存在するという理論は恣意的であり，子
どもの成長と共に変化する認知能力の発達によりことばも習得されると
主張した。そして，チョムスキーのような言語の発達だけを考えるので
はなく，認知や社会的なスキルを統合した広い意味での成長からことば
の発達を考えるという立場から，子どもを観察しデータを積み上げ，用
法基盤モデル (usage-based model) という言語習得理論を提唱した。

　こうして，60 年代から 70 年代にかけては SLA 研究においても普遍
的な習得過程があるのか，それとも後天的なことに左右されるのか，
L1 の違いなどの個別的なことによって左右されるのかが大きな議論の
焦点であった。また，誤用分析による研究が進むにつれて L1 の影響に
よるエラーは対照言語分析の予測通りではないことも明らかになってき
た。そして，L2 使用者の内部ではどのような認知プロセスが働いてい
るのかを理解しようとするアプローチが盛んに行われ，特に L1 が異な
るグループのテストの点を比較するなどの量的研究が盛んになされた。
このような量的研究では，同じ L1 のグループを同質と考えるために，
そこに存在する個人差をできるだけ排除するよう条件を統制したり，個
人差が影響されないよう大規模な調査が行われたりした。

　この時期の代表的な研究として Schachter (1974) が挙げられる。

Schachter (1974) では，ペルシア語，アラビア語，中国語，日本語を
L1 とする L2 英語使用者への関係節に関する作文調査を実施し，関係
節と被修飾語の位置関係が英語から遠いはずの日本語 L1 話者，中国語
L1 話者によるエラーのほうが少ないということがわかった。つまり，
対照言語分析の予測通りではなかったということである。さらに，日本
語，中国語話者の関係節自体の使用が他の言語話者よりもそもそも低い
ということが明らかとなった。これは，苦手な項目の使用を避ける回避
(avoidance) という方略により表面上のエラーが少なかったにすぎない
ということである。このように対照言語分析ではエラーは推測しきれな
いということ，またエラーだけを見ていては習得の全体像を見誤ること
が指摘されるようになり，エラーだけではなく正用も含めた全体を捉え
る必要性が認識されるようになった。またこの研究を通して，個人の心
理的な要因が回避という学習者の方略につながっていることにも着目さ
れるようになった。

　このように L2 使用者には独自の法則があり，その結果，回避という
L2 の表面上には表れない場合もあれば，NTL が生まれる場合もあると
いう考え方により，正用も含めた中間言語研究 (interlanguage research)
が行われるようになっていった。そのような L2 使用者の独自の言語体
系は，Selinker (1972) により中間言語 (interlanguage) と呼ばれるよう
になり，習得過程の知識の再構成によって変化する中間言語体系の記述
および，そのメカニズムを明らかにしようとする研究が盛んに行われ，
SLA 研究において多くの理論も生まれた。

　代表的なものとして Krashen (1985) が提示した 5 つの仮説が挙げら
れる。5 つの仮説とは，以下のようなものである。1 つ目は FLA と同
様にインプットを処理する過程で潜在的に起こる「習得」と意識的に言
語規則を学ぶ「学習」は区別されるものであるとする習得／学習仮説
(acquisition/ learning hypothesis)。クラッシェンはこの 2 つの知識に
接点はないというノン・インターフェイス (non-interface) の立場をと
る。2 つ目は FLA と同様，SLA でも環境や，年齢に関わらず予測可能

な順序で言語形式が習得されるという自然順序性仮説 (natural order hypothesis)。3 つ目は意識的になされた「学習」によって得られた知識は，言語産出の際のモニターの役割を果たすにすぎないというモニター仮説 (monitor hypothesis)。4 つ目は，理解可能なインプット (comprehensible input) を受けることにより言語形式は習得されるとするインプット仮説 (input hypothesis)。5 つ目は，習得は心理的な障壁や第二言語不安が少ない状態のときに促進されるとする情意フィルター仮説 (affective filter hypothesis) である。これらの仮説は総称して，モニター理論 (the monitor hypothesis) と呼ばれ，この理論を批判的に検証したり，発展させたりするような研究が多くなされ，SLA 研究界に大きな影響を与え続けた。認知プロセスだけでなく，心理的な障壁や第二言語不安などの個人差に関わる情意要因を仮説の 1 つとして認めている点は，後の個人差研究の大きな礎になったといえよう。

　しかし 80 年代から 90 年代の SLA 研究は，L2 使用者の言語面や，認知プロセスに焦点をあてた研究が主流であり，統制可能な条件を整えて比較する研究や，文法，発音，語彙，聴解というような言語分野ごとの習得研究が多くなされた。つまり，分割された部分を明らかにする作業を積み上げて，習得の全体像を理解しようとする還元主義的 (reductionism) なアプローチが発展していったといえる。

　ところが，90 年代半ばには，L2 習得を L2 使用者の内的な認知プロセスの問題とする立場の偏りへの反省から，今度は社会的な要因や L2 使用者の個別性や個人差を考慮した研究の見直しが主張されるようになった (Firth & Wagner, 1997; Norton, 1995)。この転換はソーシャル・ターン (social turn, Block, 2003) といわれている。これにより，情意面などの心理面や人間関係や社会文化的な要因を含む，より多様な観点から考える重要性が再認識されるようになった。また，習得は受動的で認知的なプロセスだけではなく，L2 使用者自身の意思や能動的な行為主体性 (agency) が L2 の使用や習得過程において重要であると捉えられるようになった。その方向性は現在も続いており，SLA は，ヒトの認

知，心理，文化，社会のすべてが交わって起きる現象であると認識され，多様な考えや理論に基づく研究が進んできている。

ローデス・オルテガ（Lourdes Ortega）は，SLA においてこれらの多様な立場や価値観，認識の違いを認める姿勢の重要性を説いている。この考え方をエピステモロジカル・ダイバーシティ（epistemological diversity）と言う。それは，これまでのどちらの理論が正しいのかという議論を越えて，それぞれの立場を認めながら，影響し合い，多角的に見ることにより SLA をより包括的に見ることができ，有益であるという考え方である。

また，その関係性を探る理論的枠組みとして，複雑系理論（complexity theory）が提唱されている（Larsen-Freeman, 2018）。複雑系理論は先述した還元主義の考え方と対照的である。還元主義では，対象となるものの要素や要因となる要素を明らかにすることで習得の全体像を理解しようとするものであるが，複雑系理論では対象となる要素が集まったときや他の要素と相互作用したときにどのような状態になっていくかを理解しようとする。SLA において個人差を含めた様々な要素が相互作用し合い，時間の経過と共にどうなっていくのかを考えていこうとするのである。つまり，従来のどのような要因が L2 習得に影響するかを探るという研究から，個人差を含めた様々な要因がどう関係し，どのように変化するのかを探り，習得のメカニズムの説明解釈を補う必要があるとされるようになってきている。

3.　個人差研究の動向と各章の概要
3.1　個人差研究の流れと近年の動向

1970 年代以降，第二言語学習の目標が伝達能力の育成に置かれるようになり，外国語教育の中心が学習者へと移行するパラダイム・シフトが起こった結果，研究者の関心も学習者の学びのプロセスへと移行した。1970 年代半ばには「優れた言語学習者（good language learners）」に注目した研究（e.g., Rubin, 1975）が個人差要因の重要性を示唆してい

る（Dörnyei & Ryan, 2015）。L2 習得の教育が学習者中心になった背景
には，2 節で述べたように学習理論の発展がある。しかし，要因が多岐
に渡っていることもあり，「第二言語習得研究における諸要因の研究は，
全体としての枠組みをもって行われてきたというよりも，個々の要因に
ついて個別に行われてきた観がある」（津田塾大学, 2006, p. 53）との指
摘もある。

　順調に研究が蓄積される要因もあれば，要因の性質そのものの特性や
適切な研究手法を見つけることの困難さにより一定の成果が見出せない
場合もある。石橋（2015, p. 12）は，「第二言語学習においては認知的要
因の研究が優先され，情意的要因の研究がないがしろにされてきた」と
指摘している。そして，「その理由のひとつに認知的要因に比べて，情
意的要因の定義の困難さ，さらにそれを測定する尺度の困難さが挙げら
れている」と述べている。また，Imai（2010），Swain（2013）を踏まえ，
情意は「個人間で起こる社会的，文化的な事象と捉え直すことができ，
学習者の言語習得の再構築に大きな役割を果たしている」と言語習得に
おける情意要因の重要性を示し，比較的研究が進んでいる動機づけ以外
の要因（第二言語不安や自尊感情等）の研究はまだ少ないことも指摘し
ている。Dörnyei & Skehan（2003）は第二言語習得や応用言語学におい
て学習者の違いは近年あまり理論的・実践的な関心を集めていないとし
つつも，言語適性や動機づけ研究などは主流の研究となる兆しがある，
と述べている。さらに，その他の項目も含めて学習者の違いは重要であ
り研究分野として有望であること，言語適性研究は一時期停滞していた
が再び活性化していることを指摘し，今後の発展に期待を寄せている。

　Dörnyei（2009）は古典的な個人差の認識（paradigm）として，（a）個
人差は明確に定義可能な心理的構成要素として存在する，（b）個人差は
比較的安定した属性である，（c）異なる個人差は人間の機能の様々な側
面に関係し，互いに適度に関連しているだけの比較的一枚岩である構成
要素を形成する，（d）個人差は学習者内部の要因であるため環境の外部
要因から比較的独立している，の 4 点を主張している。つまり，個人差

要因は定義可能で安定しており，学習者の外部からの要因には影響を受けにくいと認識されていたことが示されている。しかし，研究の蓄積により，個人差要因は変容するものであり，継続的で進化する構成概念として認識されるものであることが示唆された (Dorniyei & Ryan, 2015, p. 6)。そして，最近の研究では，SLA における学習者の内部の要因と外部の要因との間に非常に複雑な動的相互作用が強調されているのである (Dewaele, 2009, p. 640)。

3.2　各章の概要

　第2章以降の各章では言語習得に関わる個人差要因を取り上げ，SLA 全般における研究および日本語習得における研究の現在までの流れを概観する。さらに，現在までの研究で残されている課題や今後発展が期待されるトピックを取り上げる。以下，各章の概要を紹介する。

　第2章では，人間の高次の認知的処理を支える「ワーキングメモリ」を取り上げる。まず，ワーキングメモリ研究は，メカニズムや機能を探求する研究，およびワーキングメモリにおける情報の処理効率が認知的な活動に与える影響を探る応用研究の2つの流れがあることを説明する。そして，SLA 研究に主に関わるのは主に後者であることを述べ，ワーキングメモリ容量の測定方法を説明する。次に，ワーキングメモリと SLA の関わりとして，SLA がワーキングメモリ上で行われるプロセスを説明する。続けて，語彙の習得にはワーキングメモリの構成要素のうち音韻ループが強く関わることや，言語の4技能の運用とワーキングメモリには関わりがあること，その関わりの程度は習熟度によって異なることを述べる。次に，日本語教育におけるワーキングメモリの応用研究の流れを説明し，研究の蓄積が十分でなく，内容にも偏りが見られることを指摘する。最後に今後の展望として，近年注目されつつある分野，発展が期待できる分野を紹介する。また研究の精度を向上させ，成果を L2 教育・学習の現場に還元するための改善についても述べる。

　第3章では，外国語学習のための特別な才能とされる「言語適性」を

取り上げる。まず，初期の研究で焦点が当てられていた適性テストと各研究者による適性要素の捉え方が多様であることを示す。次に，言語適性と第二言語習得との関係を考えるうえで重要となる，学習者の適性と学習者に対する処遇との関連についての主張を紹介する。続けて適性研究のデザインに関して，予測的研究と相互作用的研究に分けられることを説明し，先行研究のメタ分析により明らかになった一定の傾向を紹介する。ただし，その結果には曖昧な部分が残されていることから，年齢，指導・学習条件，言語能力レベルの3つの観点から近年の実証研究の結果を紹介する。年齢との関係では，学習開始年齢によって適性の関与が異なる問題を整理する。指導との関係では，文法学習やフィードバックの明示性に関する研究結果を研究方法に注目して考察する。言語能力レベルとの関係では，各学習段階と関連が強い適性要素について論じる。最後に今後の展望として，適性研究に残されている課題を指摘する。

　第4章では，言語学習者や教師が持つ言語学習に対する信念である「ビリーフ」を取り上げる。ビリーフ研究に存在する5つの重要な研究群を「伝統的アプローチ」と「文脈的アプローチ」の2つの大きな流れとし，第二言語習得研究と日本語教育学における学習者のビリーフ研究の流れを概観する。第二言語習得研究では，ビリーフの「何（what）」を明らかにする伝統的アプローチから，学習者が「どのように（how）」ビリーフを築きあげるかを明らかにする文脈的アプローチに研究が広がったことを述べ，その基盤となる研究視点の理解の重要性について論じる。日本語教育学においては，2010年代以降の研究を中心に，多くの伝統的アプローチの研究が存在すること，文脈的アプローチと呼べる研究はまだ少ないことを指摘する。さらに，第二言語習得研究と日本語教育学における研究の蓄積の違いは，採用している分析手法の違いに見られる両者の研究の方向性の違いである可能性を指摘している。最後にビリーフ研究の新たな視点として，感情に関する潮流と複雑系・生態学的潮流を紹介し，今後の方向性を示す。

　第5章では，第二言語学習の際に経験する感情の1つである「第二言

語不安」を取り上げる。まず第二言語不安の定義が徐々に精緻化されていく流れを示し，次に日本語不安を含む第二言語不安に関する実証的研究を概観する。さらに第二言語不安が習得や学習に与える影響について，学術的・認知的・社会的側面からまとめる。第二言語不安を喚起する要因については，学習者の個人的要因，教室特有の要因，社会・文化的要因を挙げる。そして近年取り入れられるようになった複雑系のアプローチを援用した研究についても述べる。最後に新たなアプローチとして，楽しさなど多様な感情を対象とした研究を紹介する。また第二言語不安に対する教師の対処，第二言語不安と学習・教育環境との関連を探る研究についても今後の課題として取り上げる。

　第6章では，学習の開始時だけでなく，その後の継続の原動力ともなるとされる「動機づけ」を取り上げ，研究の流れを概観する。まず初期の研究を牽引した社会心理学的アプローチでは，グローバル化の進展に伴い動機づけの概念を再解釈する動きが見られることを述べる。次に教育・学習心理学的アプローチでは，研究の焦点を言語学習の現場となる教室に置き，動機づけに対する教師の働きかけが提案されていることを述べる。さらに動的・社会的アプローチでは，社会や環境との相互作用に着目し，動機づけの動的な形成過程を解明しようとする研究が行われていることを述べる。また近年の新たなアプローチとして複言語話者の動機づけに関する研究やエンゲージメントに関する研究を紹介する。最後に日本語教育分野の研究を概観し，日本語学習者独自の動機づけを解明する研究の必要性，日本語学習者を複言語話者として捉え，その動機づけを解明することの重要性について論じる。

　第7章では，「アイデンティティ」を取り上げる。アイデンティティには個人の「言語」・「ことば」が関わることを前提とし，第二言語習得研究におけるアイデンティティの問題として，「学習者」「非母語話者」などの用語に潜む不完全さ，第二言語学習者の社会的アイデンティティや主体性と社会における第二言語使用の機会の有無等について議論する。そのうえで，言語習得におけるアイデンティティの捉えられ方は多

様であり，第二言語としての日本語習得においても様々な問題をはらん
でいることを指摘する。そして，第二言語の使用や習得によるアイデン
ティティの変容に関わる概念を紹介する。さらに，第二言語としての日
本語使用者のアイデンティティに関わる研究を環境別に概観し，環境別
の捉え方の問題点を論じる。今後の第二言語としての日本語習得研究に
おいて，社会階級の重視，第一言語の「言語」の見方の拡張などが，展
開が期待される観点であることを述べる。

　SLA における個人差要因の研究は，いずれかの要因と学習成果との
直接的な相関を求める研究から，要因同士あるいは SLA に関わる学習
者の外部にある要因や社会的文脈とのつながりを探り，学習者を包括的
に捉えるための研究へ発展を遂げつつある。それゆえ，この後の章で説
明される要因同士が複雑に絡み合っていることもその片鱗を感じさせる
ものとなっている。

参照文献

石橋玲子 (2015).「日本語学習における学習者の情意的要因の影響：日本語の習熟
　　度の観点から」『学苑』898, 12–21.
奥野由紀子 (編著) 岩﨑典子・小口悠紀子・小林明子・櫻井千穂・嶋ちはる・中石
　　ゆうこ・渡部倫子 (2021).『超基礎・第二言語習得研究』くろしお出版.
小嶋英夫・尾関直子・廣森友人 (2010).『英語教育学大系　第6巻　成長する英語
　　学習者　学習者要因と自律学習』大修館書店.
鈴木渉 (編) (2017).『実践で学ぶ　第二言語習得研究に基づく英語指導』大修館書
　　店.
スパダ P. M.・ライトバウン N. (著), 白井恭弘・岡田雅子 (訳) (2014).『言語はど
　　のように学ばれるか　外国語学習・教育に生かす第二言語習得論』岩波書店.
津田塾大学言語文化研究所　言語学習の個別性研究グループ (編) (2006).『第二言
　　語学習と個別性：ことばを学ぶ一人ひとりを理解する』春風社.
Block, D. (2003). *The social turn in second language acquisition.* Georgetown
　　University Press.
Corder, P. (1967). The significance of learner's errors. *International Review of
　　Applied Linguistics, 5*(4), 161–169.
Dewaele, J-M. (2009). Individual difference in second language acquisition. In
　　W.C. Ritchie, & T.K. Bhatia (Eds.), *The new handbook of second language*

acquisition (pp. 623–646). Bingley: Emerald.

Dörnyei, Z. (2009). *The psychology of second language acquisition*. Oxford University Press.

Dörnyei, Z., & Ryan, S. (2015). *The psychology of the language learner revisited*. Routledge.

Dörnyei, Z. & Skehan, P. (2003). Individual differences in second language learning. In C.J. Doughty, & M.H. Long (Eds.), *The handbook of second language acquisition* (pp. 589–630). Oxford: Blackwell.

Ellis, R. (2004) Individual differences in second language learning. In C. Elder & A. Davies (Eds.), *The handbook of applied linguistics* (pp. 525–551). Oxford: Blackwell.

Firth, A., & Wagner, J. (1997). On discourse, communication, and (some) fundamental concepts in SLA research. *The Modern Language Journal, 81*(3), 285–300.

Imai, Y. (2010). Emotions in SLA: New insights from collaborative learning for an EFL classroom. *The Modern Language Journal, 94*(2), 278–292.

Krashen, S.D. (1985). *The input hypothesis: Issues and implications*. Longman.

Lado, R. (1957). *Linguistics across cultures: Applied linguistics for language teachers*. University of Michigan.

Larsen-Freeman, D. (2018). Looking ahead: Future directions in, and future research into, second language acquisition. *Foreign Language Annals, 51*(1), 55–72.

Norton Peirce, B. (1995). Social identity, investment, and language learning. *TESOL Quarterly, 29*(1), 9–31

Rubin, J. (1975). What the 'good language learner' can teach us. *TESOL Quarterly, 9*(1), 41–51.

Selinker, L. (1972). Interlanguage. *International Review of Applied Linguistics, 10*(3), 209–231.

Schachter, J. (1974). An error in error analysis. *Language Learning, 24*(2), 205–214.

Skehan, P. (1989). *Individual difference in second-language learning*. Routledge.

Swain, M. (2013). The inseparability of cognition and emotion in second language learning. *Language Teaching, 46*(2), 195–207.

Williams, M., Mercer, S. & Ryan, S. (2016). *Exploring psychology in language learning and teaching* (Oxford Handbooks for Language Teachers). Oxford University Press.

第2章

ワーキングメモリ

1. はじめに

　「記憶」は身近な存在でありながら，日常的な言語活動や言語習得に関わっていることはあまり認識されていない。第2章では，記憶の中でも複雑な認知において非常に重要な役割を果たす（Shah & Miyake, 1999, p. 1）ワーキングメモリ（working memory）を取り上げ，概念の紹介と第二言語習得（SLA）研究への応用，今後の発展の方向性および課題について述べる。

　ワーキングメモリは，「作動記憶」，「作業記憶」とも訳され，認知と行動を支え，情報を一時的に保持・処理するための容量制限のあるシステムである（Baddeley et al., 2021, p. 10）。1960 〜 70 年代初頭の研究において類似した提案が見られたが，それらは記憶システムそのものに注目したものであることを指摘し情報処理の仕方に注目した，Baddeley & Hitch（1974）により提唱された考え方がワーキングメモリの代表的な概念として広く普及している。この概念は，受動的で静的であるとされる短期記憶（short-term memory）の概念を，複雑な認知能力の基礎を提供する能動的なシステムに拡大することで，多くの疑問や新しい研究の道を開いたといえる（三宅・齋藤, 2001; Repovš & Baddeley, 2006）。Williams et al.（2015, p. 8）はワーキングメモリを，「情報処理の研究者

にとって最も有益な研究分野」としている。

　第2章では，第1節で本章の目的と構成，第2節でワーキングメモリの構成概念と機能，SLA分野での応用と日本語教育研究での応用の流れについて述べ，第3節で近年注目されている研究の方向性と課題についてまとめる。

2.　ワーキングメモリ研究の概観

2.1　ワーキングメモリの理論とメカニズム

　これまでワーキングメモリの理論としては，多要素モデル（Baddeley, 1986; Baddeley & Hitch, 1974），埋め込み処理モデル（Cowan, 1999），長期記憶ワーキングメモリ（Ericsson & Delaney, 1999）など多様な提案がなされてきた（齋藤・三宅, 2014）。Cowan（2017）ではワーキングメモリの定義が一致していないことが研究者の混乱を招いているとして，9つの定義を取り上げそれぞれの特徴や差異を説明している。Miyake & Shah（1999）では10の異なるワーキングメモリの理論について説明しており，さらにWen（2016）ではこれらの理論について，一元的なシステムか，認知活動におけるワーキングメモリの役割は何か，など複数の観点から共通点と相違点をまとめている。しかし，これらをもってしても理論のすべてのバリエーションを網羅できているわけではないという指摘もあり（Logie et al., 2021, p. 389），ワーキングメモリが研究者の関心を集めていることがわかる。

　本稿では1974年に提唱され，SLA研究で最も注目されている（Jung et al., 2020, p. 188）Baddeley & Hitch（1974）およびBaddeley（1986）の多要素モデル（multi component model）を中心に説明する。約50年の間にこのモデルは何度かの改訂を経て（Baddeley et al., 2021に詳しい），現在は4つの構成要素から成るモデルとなっている（図2-1）。「中央実行系（central executive）」は，注意の焦点化，注意の切り替え，注意の分割の機能を持ち，システム全体を制御している（齋藤・三宅, 2014; Baddeley, 2007）。残りの3つの要素は領域固有の情報保持システムである。

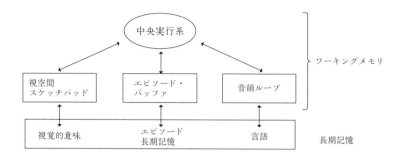

図 2-1　ワーキングメモリのモデル (Baddeley, 2000, p. 421) (筆者一部改変)

「音韻ループ (phonological loop)」は，言語的情報の一時的な受動的保持機能を持つ「音韻ストア (phonological store)」と能動的保持機能により減衰しつつある情報をリハーサル[1]してより長く保持する機能を持つ「構音コントロール過程 (articulatory control process)」から成る。音韻ループには，第一言語 (L1)，第二言語 (L2) にかかわらず新奇の語彙の習得に関わる働きがあることも明らかになっている (Baddeley et al., 1998; Gathercole, 2006; Hu, 2003)。「視空間スケッチパッド (visuo-spatial sketchpad)」は，視覚的情報の一時的な受動的保持機能を持つ「視覚キャッシュ (visual cache)」と能動的保持機能によってより長い時間，情報が保持される「内的描写 (inner scribe)」から成る (Logie, 1995)。Baddeley (2000) で追加された構成要素「エピソード・バッファ (episodic buffer)」は，言語的情報や視覚的情報など様々なソースからの情報を統合することができる限られた容量の一時的な記憶システムであると想定されている (Baddeley, 2000, p. 421)。Baddeley et al. (2011) では，音韻ループも視空間スケッチパッドもそれぞれが比較的独立して領域固有の情報保持に関与するが，中央実行系への意識的なアクセスはエピソード・バッファを介してのみ可能であることが想定されている

1　頭の中や頭で言語情報を繰り返し意識したり口頭で繰り返したりすること。

（斎藤・三宅, 2014, p. 6）。また，情報処理に関連するワーキングメモリ容量（working memory capacity）には限界があるとされている。

　ワーキングメモリ研究には本項で述べたような構造や機能を明らかにするアプローチと，ワーキングメモリにおける情報の処理効率が認知的な活動に与える影響を探るタイプの応用的なアプローチがあり，言語習得や学習に関わる研究は主に後者に含まれる。2.2 ではワーキングメモリにおける個人差の測定，2.3 では SLA とワーキングメモリの関わり，2.4 では日本語教育におけるワーキングメモリ理論の応用について述べる。

2.2　ワーキングメモリにおける個人差の測定

　ワーキングメモリと言語スキルとの関わりを探る研究は，L1 を対象として始まった。そのきっかけとなったのは Daneman & Carpenter (1980) による言語性ワーキングメモリ容量の測定テストの開発である。彼らは情報の処理と保持にそれぞれ必要とされる認知的な処理資源の間で生じるトレードオフ（trade-off）を反映するテスト，すなわち，リーディング・スパンテスト（Reading Span Test: 以下 RST）とリスニング・スパンテスト（Listening Span Test: 以下 LST）を開発し，ワーキングメモリ容量の個人差を数値として測定できるようにした。RST では 2〜6 文の短文を音読し，最後にすべての文の文末単語を再生する。LST では短文を聞いて内容の真偽判断を行い，最後に文末の単語を再生する。RST や LST を用いた研究によって，L1 の読解力や聴解力（e.g., 苧阪・苧阪, 1994; Daneman & Carpenter, 1980; Daneman & Merikle, 1996）および L2 の読解力や聴解力（e.g., 福田, 2004; Harrington & Sawyer, 1992）とワーキングメモリ容量との間に正の相関があることが示されている。つまり，ワーキングメモリ容量が大きい場合には読解や聴解の成績が高く，逆にワーキングメモリ容量が小さい場合には読解や聴解の成績が低い。具体的には，読解において課題の難易度に対してワーキングメモリ容量が小さい場合，文字の知覚や語彙の意味理解等の低次の言語処理のほうが，情報の統合や推論等の高次の処理よりも優先

されるため，低次の処理に多くの処理資源が割かれてしまう。そうする
と，高次の処理に使用できる処理資源が足りなくなり，深い意味理解が
困難になることが考えられる（堀場, 2002; Just & Carpenter, 1992）。
Linck et al. (2014) は，3,707 名の参加者を含む 79 のサンプルから得ら
れたデータのメタ分析を行った結果，ワーキングメモリ容量は L2 処理
能力と L2 習熟度の双方に正の相関があったことを報告し，この結果
は，ワーキングメモリがバイリンガルの言語処理や L2 能力測定のパ
フォーマンスの基盤となる認知プロセスの重要な構成要素であることを
示すと述べている。

　RST，LST 以外にも多様な記憶容量の測定テストが開発されている。
Wen (2015, p. 53) は Linck et al. (2014) に基づき，シンプルか複雑か，
言語（領域固有 domain specific）か非言語（領域普遍 domain general）
かという 2 つの観点から記憶の範囲（スパン）を測定するテストを整理
している。ワーキングメモリの音韻的構成要素（phonological compo-
nent of working memory）の測定にシンプルな課題，ワーキングメモ
リの実行に関わる構成要素（executive component of working memo-
ry）の測定に複雑な課題が採用されているとしている。言語（領域固有）
でシンプルな課題には、SLA 研究でよく使用される単語スパンテス
ト [2]（word span test）や非単語スパンテスト [3]（non-word span test）など、
複雑な課題には RST、LST などが分類されている。また、非言語（領
域普遍）のシンプルな課題にはディジット・スパンテスト [4]（digit span
test）、複雑な課題には演算スパンテスト [5]（operation span test）などが
分類されている。

---

[2]　意味的に関連のない複数の語を聞き，筆記あるいは口頭で再生するテスト。単語の
数は 1 つずつ増えていく。

[3]　意味のない文字の並びで作成した非単語を材料としたテスト。方法は単語スパンテ
ストと同様。

[4]　音読された一定の桁数の数字を筆記あるいは口頭で再生するテスト。方法は単語ス
パンテストと同様。

[5]　四則演算の問題を解きながら，同時に呈示される単語や文字を記憶するテスト。単
語や文字の数は 1 つずつ増えていく。

2.3　第二言語習得とワーキングメモリの関わり

苧阪他（2000, p. 250）は，「第二言語処理には，中央実行系や音韻ループを含めたワーキングメモリの機能が，影響する段階には微妙な差があるものの，その習得に貢献することは間違いないようである」と述べ，SLA とワーキングメモリとの関連に言及している。また，Wen（2015, p. 47）は，L1 の習得のように，暗示的・無意識的な習得のプロセスにおいては，ワーキングメモリのような認知資源への要求は最小限である一方で L2 の使用においては認知資源への要求は大きくなる，と指摘している。これらの指摘から，L2 の習得や運用には，L1 以上にワーキングメモリの働きが強く関わっており，その働きに注目する必要があると考えられる。

2.3 では，SLA におけるワーキングメモリの働き，語彙習得とワーキングメモリ，L2 運用スキルとワーキングメモリについて述べる。

2.3.1　SLA におけるワーキングメモリの働き

ワーキングメモリは日常的な言語運用に関与するだけでなく，言語習得に関わる作業の場としての機能も持つ。ここでは，SLA の教室習得研究において，比較的広く認知されている言語習得モデルである Gass & Selinker（2001）に基づいた小柳（2018, p. 3）を用いて，SLA におけるワーキングメモリの関わりを解釈する。言語習得のプロセスは，言語材料のインプット→気づき→理解→インテイク→統合→アウトプットと流れ，アウトプットは再びインプットとして利用されたり，インテイクの際の仮説検証（hypothesis testing）や認知比較（cognitive comparison）に利用されたりする。まず，言語材料の「インプット」があり，次の「気づき」では未知の言語形式に注意を向ける。「理解」では対話の相手との意味交渉などを行い，注意を向けた言語形式の意味の見当をつける。気づきと理解を経た言語材料は「インテイク」と呼ばれ，習得

に利用される。この段階で学習者は普遍文法[6]や自身の L1 および L2 に関して長期記憶の中に保存されている既有知識に基づき，未知の言語形式に関する仮説を作っている。そして，目標言語からの肯定証拠[7]や否定証拠[8]を得て，自身が構築してきた中間言語(interlanguage)と目標言語との認知比較を行う。「統合」では仮説検証を経て正しいと確認された言語形式が，自身の中間言語に統合され，既有知識として長期記憶に貯蔵される。その後「アウトプット」の際にスムーズに使用できるよう，その知識へのアクセスが自動化される。この一連のプロセス全体にワーキングメモリが関わっているとされる。各段階でワーキングメモリがどのように関わっているかを検討すると，まず気づきでは中央実行系の注意配分の機能が関与していると考えられる。理解，インテイク，統合では未知の言語形式を音韻ループに一時的に保持した状態で既有知識を長期記憶から取り出して意味交渉や認知比較を行ったり，正しいとされた言語形式を中間言語に統合したりする。そして，アウトプットの際には再びその言語形式を長期記憶から取り出して運用する。このように，SLA の各段階におけるワーキングメモリ上の作業によって言語習得が成立すると考えられる。

2.3.2　語彙習得とワーキングメモリ

2.3.1 では L2 全体の習得プロセスを説明したが，次に語彙の習得とワーキングメモリとの関連について述べる。Baddeley et al. (1998) は，音韻ループの機能は，馴染みのある単語を記憶することではなく，新しい単語の学習を助けることだと主張している。ワーキングメモリの構成要素の中でもその機能の研究の蓄積が進んでいる音韻ループは，これまでの研究により L1, L2 のいずれにおいても Baddeley et al. (1998) の

6　チョムスキーの言語理論の中心となる考え方。すべての言語において抽象的なレベルで共通していると仮定される統語構造。

7　目標言語で何ができるかという情報。

8　目標言語で何ができないかという情報。教師からフィードバックとして提示されることが多い。

主張が裏付けられている。

　L1に関しては，Gathercole et al. (1992) が英語を母語とする4, 5, 6歳児において，音韻ループの能力の高さと語彙力に相関があることを明らかにし，音韻ループが語彙習得に直接影響していると解釈している。また，4歳時と5歳時の語彙力には相関があり，4歳時の語彙力は5歳時の語彙力を予測することも示された。L2に関しては，Hu (2003) が中国語を母語とする英語学習者である4歳児58名を対象とし，6か月間隔で4回調査を行った。課題には音韻ループの能力を測定する音韻的短期記憶テスト，英語単語の学習が含まれていた。その結果，音韻ループの能力とL2語彙の学習には関連があることが示された。また，Karousou & Nerantzaki (2020) は音韻的ワーキングメモリのトレーニングが初期の学習者に与える影響を調べることを目的とした研究を行った。ギリシャ語を母語とする初級レベルの英語学習者である8-9歳の児童97名を対象に，実験群と対照群の2群に分け，非単語反復課題による音韻ループの能力の測定と，語彙力の測定テストをトレーニングの前後に実施した。対照群には歌やゲームなど，音韻的ワーキングメモリそのもののトレーニングではないが，英語の語彙に触れるような活動を行った。その結果，音韻ループの能力と語彙力の間に関係があることが示された。

　以上のように，L1もL2も言語学習の初期には音韻ループの能力と語彙力との間に関連があるが，これは初期にのみ見られる現象である可能性が向山 (2009) で示唆されている。

2.3.3　L2運用スキルとワーキングメモリ

　SLAの分野におけるこれまでの研究成果において，理解技能である読む・聞く，産出技能である書く・話すなど様々なL2運用のスキルとワーキングメモリとの間で正の相関関係が明らかになっている。本項ではこれらの研究を概観する。

　前述のDaneman & Carpenter (1980) によるRST, LSTの開発を受

けて，L1 のワーキングメモリ容量と L1 の言語スキルとの関連を検証する研究が行われるようになり，その後，L2 も研究対象となった。L2 のワーキングメモリ容量と言語スキルとの関係に着目した初期の代表的な研究に Harrington & Sawyer (1992) がある。日本語母語の上級英語学習者を対象とした調査の結果，読むスキルの高さとワーキングメモリ容量との間には相関が見られたが，短期記憶範囲との間には相関が見られなかった。L2 においても，読みという情報処理を行う際には受動的な保持機能のみを持つ短期記憶よりも，情報の一時的な保持と処理を並行して行うワーキングメモリのほうが強く関与することが示唆された。読みの処理過程について苧阪・苧阪 (1994, p. 339) は，文を読むプロセスでは処理内容を一時的に保持し，かつそれらの情報を逐時統合することにより，情報を常に検索可能な活性化状態のまま併存的に保持しつつ次の情報処理に対処する，と述べている。ワーキングメモリの働きはこの読みのプロセスに合致しているといえる。近年は，ワーキングメモリと読解が関与していることを踏まえたうえで，統語的な処理に影響を与えるかどうかを検討した研究 (e.g., 柏木・中山, 2012)，読書方法のバリエーションと理解度との関係を探った研究 (e.g., Tanaka, 2015) など読みに影響を与える要因に着目した研究が見られる。柏木・中山 (2012) は，英語を母語とする中上級日本語学習者に対して日本語の関係節を含む文の理解度とワーキングメモリ容量との関係を探るため，自己ペースのムービングウィンドウ法 [9] による読解課題を行った。その結果，主語関係節の文理解の程度や読み時間にワーキングメモリ容量の影響が見られた。Tanaka (2015) は日本語を母語とする英語学習者を対象に，3 つの読書方法 (黙読，聞きながら目で追う，音読) による文章の理解度の違いとワーキングメモリ容量との関係を検討した。並行して読書中の学習者の知覚的認知負荷の測定も行った。その結果，読書方法と理解度に

9　読みの実験で使用される方法の 1 つ。パソコンの画面上に文・文章を呈示する際，パソコンの指定されたキーを押すと，先に呈示されていた語句が消え，次の語句が呈示される。それを繰り返して文末まで読む方法である。

関しては黙読の成績が高かった。認知的負荷の知覚はワーキングメモリ容量の大きさには関係なかったが，理解度とワーキングメモリ容量との間には関係があることを確認した。また，74 のワーキングメモリと L2 読解を扱った研究のメタ分析を行った In'nami et al. (2021) は両者の間に弱い相関があることを示した。さらに，研究によって両者の関係がまちまちであった理由を探った結果，ワーキングメモリと L2 読解の関係を理解するうえで，ワーキングメモリの測定法が重要であることを指摘している。

　次に，聞く技能に関して，Satori (2021) では，日本語母語の英語学習者 150 名を対象に，L2 言語知識および L2 聴解とワーキングメモリとの関係について検討した。加えて，これらの関係が L2 習熟度によって異なるか否かについても検討した。その結果，習熟度が低いグループは習熟度が高いグループよりも，L2 聴解とワーキングメモリの関連が強いことが示された。また，言語知識が少ない学習者においては，L1 ワーキングメモリが L2 聴解において重要な役割を果たすことが示された。Wallace & Lee (2020) は，L2 では言語知識の量が理解にとって最も重要であるという主張や，言語能力が高まるにつれてワーキングメモリの実行機能のような非言語的要因がリスニングの成績に影響を及ぼすという先行研究の理論的主張を検証した。日本語を母語とする 209 名の高校生の英語学習者を対象に，L2 聴解力，言語的知識として L2 語彙サイズ，非言語のワーキングメモリの能力として一時的に記憶している情報の更新と注意の切り替えなど中央実行系の機能との関係を検討した。その結果，L2 語彙サイズのみが聴解成績を予測することが示され，習熟度があまり高くない学習者にとってはワーキングメモリの中央実行系の機能はあまり重要でないことが確認された。

　書く技能に関しては，L1 において広く受け入れられている Kellogg (1996) のライティングのモデルがワーキングメモリのシステムを取り入れており，L2 ライティング研究者に応用されるようになった (Johnson, 2020)。Bergsleithner (2010) はワーキングメモリ容量の個人差が L2 ラ

イティングの成績に関係があるかどうかを検証する実験を行った。L2
の筆記課題を行い，ワーキングメモリ容量の測定には演算スパンテスト
を用いた。正確さと複雑さを観点として分析を行った結果，L2 ライティ
ングとワーキングメモリ容量には関係があることが示唆された。
Vasylets & Marin (2021) は，ワーキングメモリ容量が L2 ライティン
グの成績に与える影響が L2 の習熟度によって異なるか否かを探った。
スペイン語・カタルーニャ語を母語とする英語学習者 56 名を対象に，
L1 のワーキングメモリ・スパンテスト，L2 習熟度テスト，物語形式の
L2 ライティング課題を実施した。ワーキングメモリの測定には，呈示
される文が意味的に正しいかどうかを判断しながら，同時に呈示される
無関係な文字を記憶するという複雑な言語スパン課題を採用した。ライ
ティングの成績を評価する観点は，正確さ，複雑さ，流暢さ，およびラ
イティングの質に関する全体的評価であった。その結果，習熟度が低い
場合，ワーキングメモリはより高い正確さと関連し，習熟度が高い場
合，全体的評価から語彙の洗練度とワーキングメモリとの間に正の関連
があることが示された。この結果は，ライティングにおける習熟度によ
るワーキングメモリの関与の違いを示唆している。

　話す技能に関しては，Guará-Tavares (2013)，Wen (2016) などが挙
げられる。いずれも絵やビデオクリップを見てから語りを行う課題であ
り，材料を見てすぐに語る条件と 10 分間のプランニングの後に語る条
件を比較している。ワーキングメモリ容量は，スピーキング・スパンテ
スト[10] を用いて測定している。Guará-Tavares (2013) は，様々な背景を
持つ中級英語学習者 50 名を対象とし，絵を 50 秒間見て物語を語る実験
を行った。その結果，すぐに語り始めるグループにおいて正確さとワー
キングメモリ容量との間に相関が見られ，プランニングをするグループ
は，ワーキングメモリ容量と流暢さ，複雑さの間に相関があることが示
された。プランニングをしない場合は，ワーキングメモリ容量が大きく

10　意味のない文字の並びで作成した非単語を材料としたテスト。方法は単語スパンテ
ストと同様。

ても流暢さや複雑さの成績は良くならないが，一方，ワーキングメモリ
容量が小さくてもプランニングを行えば容量が大きい学習者との間に正
確さにおいて差が出ないことが示唆された。ワーキングメモリは音韻的
短期記憶と実行ワーキングメモリから成るという仮説に立つ Wen
(2016) は，中国語母語の中級英語学習者 40 名に対してビデオクリップ
を見た後にその内容を説明する課題を行った。流暢さ，正確さ，複雑
さ，形式性などの観点から分析した結果，音韻的短期記憶と各指標との
相関は見られなかったが，実行ワーキングメモリは語彙，構文などとの
相関が見られた。

　以上，L2 の 4 技能とワーキングメモリとの関係を概観した。各技能
において習熟度によりワーキングメモリの運用のパフォーマンスに対す
る関与が異なることが示されている研究が見られる。また，話す技能で
はワーキングメモリ容量による違いをプランニングにより克服できる可
能性が示されており，教室指導での応用が期待できる。

2.4　日本語教育におけるワーキングメモリ理論の応用

　英語での L2 のワーキングメモリ研究が始まってから少し遅れ，日本
語教育の分野においても 2000 年代の前半からワーキングメモリに関す
る言及や応用研究が散見されるようになった (e.g., 小柳 , 2002; 福田 ,
2004)。小柳 (2002, pp. 79–80) は「作動記憶の発達レベルが日本語の表
面には表れにくい誤用，モダリティや動作の授受表現の非使用，主語の
不統一によるねじれ文，不適切な名詞省略などにも関与するとしたら，
日本語習得においても作動記憶の役割を検証する価値がある」と述べて
いる。福田 (2004) は，マレー語を母語とする日本語学習者を対象とし
て，日本語の聴解力テスト，ディジット・スパンテスト，LST の間の
相関を調べた。対象者の日本語のレベルは旧日本語能力試験 2 級および
3 級程度であった。その結果，短期記憶範囲を測定しているとされる
ディジット・スパンテストと聴解力テストの間には相関が見られなかっ
たが，3 級のグループにおいて LST と聴解力テストの間に相関が見ら

れた。この結果は先行研究を一部支持するものであり，聴解力とワーキングメモリに関わりがあることを示した。

　2000 年代の後半には，ワーキングメモリ容量と，聴解力や問題解決能力との関係，読解力との関係，シャドーイング（shadowing）の認知メカニズムとの関係などを探った研究が見られるが，ワーキングメモリという認知機能が広く認識されるに至ったとは言いがたい状況であった。そのような中で第二言語習得研究会誌『第二言語としての日本語の習得研究』誌上で苧阪（2007）が行ったワーキングメモリに関する認知心理学的な観点からの紹介は，日本語教育分野におけるワーキングメモリの認知に寄与したと考えられる。

　2000 年代の応用研究では，日本語のワーキングメモリ容量を測定する際に日本語母語話者向けの苧阪・苧阪（1994）をそのまま使用したり，Daneman & Carpenter（1980）や苧阪・苧阪（1994），苧阪（2002）に倣って対象者の習熟度に適したレベルの自作の RST や LST を用いたりしている。しかし，日本国内で日本語学習者に対して調査を行う際には対象者に複数の L1 が混在していることも多い。松見他（2009）は旧日本語能力試験出題基準に準拠して語彙と文法のレベルを 3 級以下に設定した日本語学習者向けの LST を開発している。LST とした理由として，RST では音読をすることがすなわち文の内容理解という処理を指し，指定された単語の保持との並行処理の結果が示されると考えられているが，L2 の場合には音読をすることだけに意識が向き，読み上げることが必ずしも意味処理をしているという保証にならない。一方，LST では文内容の真偽判断を求められ，意味処理が保証されることから L2 のワーキングメモリ容量の測定には LST が適していると考えられるため，としている。

　2010 年以降，松見他（2009）を利用して学習者のワーキングメモリ容量を測定した研究に，シャドーイングの遂行成績（e.g., 徐・松見, 2014; 韓, 2015），文章聴解（e.g., 徐, 2017），シャドーイングとリピーティングの発話成績（e.g., 王, 2019），繰り返し聴解（e.g., 陳他, 2018）などがある。

これらの研究には，読解力や聴解力と，読解目的やメモ書き等の別の認知的な要因との関係を明らかにする際に学習者の言語性ワーキングメモリ容量を確認するために測定しているものが多い。また，2.3.2で言及した語彙習得とワーキングメモリとの関係に関して，成人の日本語学習者を対象とした研究に福田・佐藤 (2014) がある。来日1か月以内の入門期にある大学・大学院の留学生18名を対象とし，約4か月の間をあけて2回の調査を実施した。1回目の課題には音韻ループの能力を反映する非単語反復課題，2回目の課題には日本語の語彙力のテストが実施された。テストの間には弱い相関があり，入門期の音韻ループの機能は4か月後の目標言語の語彙力をある程度予測することが示され，L2児童の研究結果と一致している。その他に，学習者向けの日本語版 RST を開発し改めてワーキングメモリ容量と読解力との関連や (吉川・ゾライダ ムスタファ, 2017)，読解ストラテジーとの関連 (二口, 2020) を探る流れがある。これらの日本語学習者向けの RST の妥当性・信頼性の検証が進めばそれを利用した研究が増えることが予想される。

　日本語教育においてはまだ研究の蓄積が十分ではなく，内容的にも読解，聴解，シャドーイングとの関連を検討する研究に偏っているのが現状である。2.3で見たような産出の技能や他の要因への広がりが期待される。

3.　SLA におけるワーキングメモリ研究の展望

　ここまでワーキングメモリ研究の概説と SLA におけるワーキングメモリの応用研究の紹介を行ったが，複数の研究の観点においてこれまでの研究成果に統一した見解ができていないことが指摘されている。これは研究の蓄積が十分でないと同時に，更なる発展性と改善の余地があることの示唆とも考えられる。本項では，近年注目されつつある分野，発展が期待できる分野を紹介し，また研究の精度を向上させ，成果を L2教育・学習の現場に還元するための改善について述べる。

　ワーキングメモリは学習，理解，推論などの高次な認知能力との関係

が認められることから，SLA 研究においても読解や聴解，フィラー
ギャップ等の特定の構文の理解のような認知能力との関わりを探る研究
が多かった。しかし，学習者への配慮の観点から，近年は情意面の個人
差要因との関わりも含めて検討する例が見られるようになった。言語適
性の 1 つとも捉えられるワーキングメモリは，これまで外的な影響を受
けにくく，個人差はあっても比較的安定していると考えられていたが，
ストレス（Ilkowska & Engle, 2010; Rai et al., 2015）やプレッシャー（則
武他, 2020）を与えられるなどの一時的な環境や状態によってもパ
フォーマンスが変化することが指摘されている（坪見他, 2019）。例えば
Rai et al. (2015) は，英語母語の参加者 70 名と英語母語の中級スペイン
語学習者 86 名を対象に，ストレスの多い条件や不安が L1・L2 の読解
力にどのように影響するかを調査した。オペレーション・スパンテスト
によるワーキングメモリ容量の測定，読解課題の理解度，外国語の読み
に対する不安の程度，言語能力の自己評価等を測定した。社会的評価ス
トレスを与えるために，授業の担当教員が読解の様子を録画した映像を
見て課題遂行を評価すると告げたり，読みの不安を与えるためにビデオ
カメラに向かって早口言葉を言うよう指示したりした。実験の結果，以
下のことがわかった。状況的ストレスと読みの不安は L1 よりも L2 の
読みの効率に影響を与える。L2 では読みの不安が高いほど，社会的評
価ストレスにより処理効率が低下する。ワーキングメモリ容量との関連
を見ると，容量が小さい場合はストレスがあると処理効率が低下する。
L2 では読書というタスクはあまり自動化されていないため，特に推論
や語用論が必要な問題では，中央実行系の注意制御に使われる処理資源
をめぐって不安との間で競合し，ストレスにより読みの処理効率が低下
する。このように情意面の要因によってワーキングメモリのパフォーマ
ンスに影響があることが明らかになることで，言語学習場面における情
意要因の影響がより詳しく説明できるようになるだろう。坪見他 (2019,
p. 321) は，「環境・状況を整えることでワーキングメモリパフォーマン
スをベストな状態に保つことは可能であろう」としている。

　次にワーキングメモリトレーニング（Working Memory Training: WMT）を取り入れた研究を紹介する。ワーキングメモリは高次の認知課題の遂行を説明する概念であり，その「高次認知課題に通用する能力を高めようとする方法」（坪見他, 2019, p. 321）にWMTがある。林他（2014）は，指導方法や教材の実践のみでは説明しがたい言語知識の発達における個人差が存在するため認知心理学の観点からの考察を深めること，WMTと言語知識の関連性のより動的な側面を検証することの2点を目的とした実験を行った。日本語を母語とする英語学習者を対象に，Cogmedのプログラム[11]を利用した5週間のWMTを行い，その前後にL1・L2の言語能力・ワーキングメモリ容量・言語性短期記憶範囲，視空間性短期記憶範囲，知的能力の測定を実施した。その結果，WMTのトレーニング内容に近い機能を持った能力やスパン（言語性・視空間性の短期記憶範囲とワーキングメモリ容量）の向上は見られたが，RSTの向上は見られなかった。このことから，WMTに加え外国語指導のような言語的な介入を実施することで，相乗効果によって言語課題を支えるワーキングメモリが強化されることが示唆されるとしている。これは「これまでの学習理論に従うと，領域固有の能力は高めることはできても，領域共通の能力を高めることは困難である。（中略）このことから，認知機能全体や学業成績全般など，文脈と切り離した機能を高めようとするよりは，場面に即した具体的な内容をトレーニングするほうが効果的だと考えられる」とする坪見他（2019, p. 321）の見解と合致する。WMTについては，認知心理学・認知神経科学・発達心理学の観点からこれまでの研究成果を総括した学術書（Novick et al., 2020）が出版されていることからも今後の発展が期待される。

　次に，認知負荷理論を取り上げる。ワーキングメモリ理論と教育実践の関係を考える際に，記憶研究からの知見に基づいた教授理論である

11　スウェーデンのカロリンスカ大学で開発されたCogmedはワーキングメモリと注意力・集中力の改善を目的としたトレーニングプログラム。https://www.cogmed-japan.com/

「認知負荷理論 (cognitive load theory)」(Sweller, 1988) が参考になる
(斎藤・三宅, 2014, p. 20)。この理論では人間の認知的側面とインスト
ラクション方法の協調性を主な焦点としている (山田, 2015)。ワーキン
グメモリの容量には制限があり，学習時に発生しうる認知負荷が増大す
ると学習に影響を及ぼすため，効果的な学習のためにはワーキングメモ
リにかかる負荷を調整する必要がある (土田・室橋, 2017; 水野他,
2016)。認知負荷理論では，3 つのタイプの認知負荷，すなわち，外在
的負荷 (extraneous load)，内在的負荷 (intrinsic load)，課題関連負荷
(germane load) が想定されている。外在的負荷は，不適切な教授デザ
インやインストラクションによって高まる負荷である。内在的負荷は課
題遂行に関連する負荷で，学習において考慮すべき要素の数が多い等，
課題に必要となる内的処理から発生する負荷であり，日本語学習者に
とっての文字の処理などが例として挙げられる。課題関連負荷は当該の
課題に利用されるリソースのことであり，この負荷は課題遂行にとって
必要なものである。これら 3 つの負荷の合計が学習時の認知負荷の総計
となり，それがワーキングメモリ容量を上回ると学習の効率が低下する
(斎藤・三宅, 2014; 水野他, 2016)。山田 (2015) は，中国語を母語とす
る日本語学習者を対象に，日中同根語の漢字熟語の日本語の読み学習実
験を行った。同根語は，中国語としては馴染みがあるが，日本語の読み
としては極めて馴染みがないものを選定した。対象者は 2 群に分けら
れ，1 つの群では読みを学習するときに漢字にふりがなが振られており，
もう 1 つの群では漢字が呈示された 1 秒後に読みが音声で呈示された。
学習後に再生テストを実施した結果，視覚的にふりがなが呈示されてい
た群のほうが有意に成績が高かった。中国語母語話者は文字の視覚情報
に頼る傾向があるという先行研究から，中国語母語の学習者にとって，
聴覚呈示よりも視覚呈示のほうが適したインストラクションとなり，効
率の良い学習を促したのではないかと推測している。すなわち，中国語
母語の学習者にとって聴覚呈示は外在的負荷が大きかったと考えられ
る。山田 (2015) では学習方法を 2 種類用意し外在的負荷への影響を検

討したが，練習時間や回数のバリエーションのような内在的負荷の影響
も認知負荷理論の観点から検討することで，より学習者にとって負担の
少ない効率の良い学習環境が提供できるのではないだろうか。

　次に研究成果を現場に還元するための改善について述べる。改善の余
地がある項目として1つ目に挙げられるのは，ワーキングメモリの測定
方法である。L2学習者の言語性ワーキングメモリ容量の測定にはL1
とL2のどちらの言語の容量を測定するべきかに関する議論があった。
しかし，ワーキングメモリの容量は言語の種類に関して独立していて特
定の言語に依存しない，すなわちL1とL2のワーキングメモリ容量は
比例しているという指摘があり（苧阪・苧阪, 1994; 苧阪他, 2000; Osaka
& Osaka, 1992），L2に関する研究であってもL1でワーキングメモリを
測定する研究が散見される。しかし，L1よりもL2の処理においてワー
キングメモリの関与が強いことも多くの研究で指摘されている（e.g.,
Wen, 2015）。また，ワーキングメモリを言語適性の1つとして日本語
学習者の学習成果と言語適性の要素との関係を縦断的に追った向山
(2009) では，ワーキングメモリ容量と文法・聴解・読解の3種類の学
習成果との間に相関が見られるのは学習開始後15か月経過した時点で
あると述べている。苧阪他 (2000) は，言語の学習期間による学習言語
のRST結果の変化を調査している。イタリア語専攻の日本語を母語と
する大学2, 3年生（イタリア語学習期間2年，3年）を対象に，日本語，
英語，イタリア語のRSTを実施した。その結果，日本語と英語では2
年生と3年生の間に差は見られなかったが，イタリア語は3年生のほう
がワーキングメモリ容量が大きいことが示された。また，日本語とイタ
リア語に関して2年生では相関が見られなかったが3年生では有意な相
関が認められている。このことからも，個人内でL1でのワーキングメ
モリの利用効率がL2の利用効率に転移されるには，ある程度L2に習
熟していることが必要となると推測される。学習者のワーキングメモリ
容量をより適切に測定するためには，対象者のL2習熟度や対象者集団
のL1が共通しているかなどを考慮したうえで，学習者のL1とL2のど

ちらで作成されたテストを使用するかまた両方を使用するのか，RST
か LST かを選択すること，また言語学的課題により適したもの（Juffs
& Harrington, 2011, p. 137）であることが求められる。

　2つ目は教育への介入である。日本語教育分野では，ワーキングメモ
リが言語運用に関わっていることがわかったとしても，言語教育の場で
その研究成果をどのように援用すればよいかについての包括的な指針は
示されてこなかった。これまでに，メモを取ること（e.g., 徐, 2017），
シャドーイングの回数を調整すること（e.g., 徐・松見, 2014）など個々の
研究結果に対応するためのサポート方法の案は提示されている。しか
し，それらを総合してより多くの学習者のサポートが可能になる提案は
ほとんど見られない。成人よりもワーキングメモリ容量が相対的に小さ
い子どもの教育に対する介入（e.g., ギャザコール・アロウェイ, 2009; 湯
澤・湯澤, 2014）についてはある程度研究が進んでいるため参考にでき
るのではないか。また，前述の WMT の研究成果も取り入れることで，
より効果的な介入方法を探ることができるだろう。

　2.1 で述べたように，ワーキングメモリ研究は，メカニズムの解明を
目指すアプローチと，応用的なアプローチとが両輪となっている。メカ
ニズム研究にも未解明の要素が残されているため，その解明とともに応
用的な研究においても更なる発展や精緻化が見込まれる。また，これま
での研究の蓄積によって言語学習や言語運用にワーキングメモリが関
わっていることはすでに明らかになっており，今後はこの事実を踏まえ
たうえで，効果的な言語学習や，言語運用能力の向上をサポートする研
究が期待される。

参照文献

王校偉（2019）.「シャドーイングとリピーティングが中国語を母語とする中級日本
　　語学習者の発話成績に及ぼす効果：作動記憶容量を操作した実験的検討」『留
　　学生教育』24, 43–50.
苧阪満里子（2002）.『脳のメモ帳　ワーキングメモリ』新曜社.
苧阪満里子（2007）.「ワーキングメモリ：言語理解を支える記憶とその脳内基盤」

『第二言語としての日本語の習得研究』10, 114–121.

苧阪満里子・苧阪直行 (1994).「読みとワーキングメモリ容量：日本語版リーディング・スパンテストによる測定」『心理学研究』65 (5), 339–345.

苧阪満里子・苧阪直行・Groner, R. (2000).「ワーキングメモリと第二言語処理，バイリンガルを対象としたリーディング・スパンテストの結果」苧阪直行（編）『脳とワーキングメモリ』(pp. 243–245). 京都大学学術出版会.

柏木明子・中山峰治 (2012).「第二言語としての日本語における関係節処理とワーキングメモリ」『第二言語』11, 27–45.

ギャザコール S. E.・アロウェイ T. P.（著）湯澤正通・湯澤美紀（訳）(2009).『ワーキングメモリと学習指導　教師のための実践ガイド』北大路書房.

小柳かおる (2002).「Focus on Form と日本語習得研究」『第二言語としての日本語の習得研究』5, 62–96.

小柳かおる (2018).「第二言語習得 (SLA) の普遍性」小柳かおる・向山陽子『第二言語習得の普遍性と個別性：学習メカニズム・個人差から教授法へ』(pp. 1–27). くろしお出版.

齋藤智・三宅晶 (2014).「ワーキングメモリ理論とその教育的応用」湯澤正通・湯澤美紀（編著）.『ワーキングメモリと教育』(pp. 3–25). 北大路書房.

徐暢 (2017).「中国語を母語とする上級日本語学習者における文章聴解時のメモ行為の効果：作動記憶容量とメモの使用言語を操作した実験的検討」『広島大学大学院教育学研究科紀要　第二部　文化教育開発関連領域』66, 147–154.

徐芳芳・松見法男 (2014).「中国語を母語とする上級日本語学習者のシャドーイング遂行成績に影響を与える要因：ワーキングメモリ容量と試行数の観点から」『広島大学大学院教育学研究科紀要　第二部　文化教育開発関連領域』63, 253–260.

陳亭宇・林婉琪・毛炫琇・銭静宜・徐暢・柳本大地・松見法男 (2018). 中国語を母語とする日本語学習者の繰り返し聴解におけるメモの効果：メモを取るタイミングと作動記憶容量を操作した実験的検討」『広島大学日本語教育研究』28, 7–12.

土田幸男・室橋春光 (2017).「ワーキングメモリと学習方法の関連性」『子ども発達臨床研究』9, 47–55.

坪見博之・齋藤智・苧阪満里子・苧阪直行 (2019).「ワーキングメモリトレーニングと流動性知能：展開と制約」『心理学研究』90 (3), 308–326.

則武良英・武井祐治・寺崎正治・門田昌子・竹内いつ子・湯澤正通 (2020).「ハイプレッシャー状況が引き起こすワーキングメモリ課題成績低下に対する短期筆記開示の効果」『教育心理学研究』68 (2), 134–146.

林裕子・小林大晟・豊重剛 (2014).「大学生におけるワーキングメモリトレーニングの効果とその持続性・汎化性の検証」『佐賀大学文化教育学部研究論文集』19 (1), 71–94.

韓暁 (2015).「日本語文シャドーイング時の音韻処理と意味処理に及ぼす記憶容量

の影響：文の口頭再生における反応時間と再生時間を指標として」『留学生教育』20, 39-46.

福田倫子 (2004).「第二言語としての日本語の聴解と作動記憶容量：マレー語母語話者を対象とした習熟度別の検討」『第二言語としての日本語の習得研究』7, 45-59.

福田倫子・佐藤礼子 (2014).「入門期から初級までの日本語学習者の音韻的作動記憶の能力と語彙力の関係」『言語と文化』26, 142-153.

二口紀和子 (2020).「第二言語としての日本語読解におけるワーキングメモリ容量の個人差と読解ストラテジー」『開智国際大学紀要』19, 65-74.

堀場裕紀江 (2002).「第二言語としての日本語リーディング研究の展望」『第二言語としての日本語の習得研究』5, 108-132.

松見法男・福田倫子・古本裕美・邱喩瑗 (2009).「日本語学習者用リスニング・スパンテストの開発：台湾人日本語学習者を対象とした信頼性と妥当性の検討」『日本語教育』141, 68-78.

水野陽介・三輪和久・小島一晃・寺井仁 (2016).「問題解決型学習における認知負荷と認知活動についての実験的検討」『2016 年度日本認知科学会第 33 回大会発表論文集』563-567.

三宅晶・齋藤智 (2001).「作動記憶研究の現状と展開」『教育心理学研究』72, 336-350.

向山陽子 (2009).「第二言語習得において学習者の適性が学習成果に与える影響：言語分析能力・音韻的短期記憶・ワーキングメモリに焦点を当てて」『日本語科学』25, 67-90.

山田祐也 (2015).「中国人日本語学習者に対する効果的な漢字読みの呈示方法の検証：文字入力と音声入力の観点から」『JSL 漢字学習研究会誌』7, 29-36.

湯澤正通・湯澤美紀 (編著)(2014).『ワーキングメモリと教育』北大路書房.

吉川達・ゾライダ ムスタファ (2017).「マレーシア人中級日本語学習者のワーキングメモリと日本語読解能力の関係について」『佐賀大学全学教育機構紀要』5, 77-87.

Baddeley, A.D. (1986). *Working memory*. Oxford University Press.

Baddeley, A.D. (2000). The episodic buffer: A new component of working memory? *Trends in Cognitive Science, 4*(11), 417-423.

Baddeley, A.D. (2007). *Working memory, thought, and action*. Oxford University Press.

Baddeley, A.D., Allen, R.J., & Hitch, G.J. (2011). Binding in visual working memory: the role of the episodic buffer. *Neuropsychologia, 49*(6), 1393-1400.

Baddeley, A.D., & Hitch, G. (1974). Working memory. In G.H. Bower (Ed.), *The psychology of learning and motivation, Vol. 8* (pp. 47-89). Academic Press.

Baddeley, A.D., Hitch, G.J. & Allen, R.J. (2021). A multicomponent model of working memory. In Logie, R.H., Camos, V. & Cowan, N. (Eds.), *Working *memory: state of the science*(pp. 10–43). Oxford University Press.

Baddeley, A., Gathercole, S., & Papagno, C. (1998). The phonological loop as a language learning device. *Psychological Review, 105*(1), 158–173.

Bergsleithner, J. M. (2010). Working memory capacity and L2 writing performance. *Ciências & Cognição, 15*(2), 2–20.

Cowan, N. (1999). An embedded-processes model of working memory. In Miyake, A. & Shah, P. (Eds.), *Models of working memory: mechanism of active maintenance and executive control* (pp. 62–101). Cambridge University Press.

Cowan, N. (2017). The many faces of working memory and short-term storage. *Psychonomic Bulletin & Review, 24*(4), 1158–1170.

Daneman, M., & Carpenter, P. A. (1980). Individual differences in working memory and reading. *Journal of Verbal Learning and Verbal Behavior, 19*(4), 450–466.

Daneman, M. & Green, I. (1986). Individual differences in comprehending and producing words in context. *Journal of Memory and Language, 25*(1), 1–18.

Daneman, M., & Merikle, P. M. (1996). Working memory and language comprehension: A meta-analysis. *Psychonomic Bulletin & Review, 3*(4), 422–433.

Ericsson, K. F., & Delaney, P. F. (1999). Long-term working memory as an alternative to capacity models of working memory in everyday skilled performance. In Miyake, A. & Shah, P. (Eds.), *Models of working memory: Mechanisms of active maintenance and executive control* (pp. 257–297). Cambridge University Press.

Gass, S. M., & Selinker, L. (2001). *Second language acquisition, an introductory course* (2nd ed.). Lawrence Erlbaum Associates.

Gathercole, S. E. (2006). Nonword repetition and word learning: The nature of the relation-ship. *Applied Linguistics, 27*(4), 513–543.

Gathercole, S., Willis, C., Baddeley, A., & Emslie, H. (1992). Phonological memory and vocabulary development during the early school years: A longitudinal study. *Developmental Psychology, 28*(5), 887–898.

Guará-Tavares, M. (2013). Working memory capacity and L2 speech performance in planned and spontaneous conditions: A correlational analysis. *Trabalhos em Linguística Aplicada, 52*(1), 9–29.

Harrington, M., & Sawyer, M. (1992). L2 working memory capacity and L2 reading skill. *Studies in Second Language Acquisition, 14*(1), 25–38.

Hu, C. F. (2003). Phonological memory, phonological awareness, and foreign language word learning. *Language Learning, 53*(3), 429–462.

Ilkowska, M., & Engle, R. W. (2010). Working memory capacity and self-regulation. In R. H. Hoyle (Ed.), *Handbook of personality and self-regulation* (pp. 265–290). Wiley-Blackwell.

In'nami, Y., Hijikata, Y., & Koizumi, R. (2021). Working memory capacity and L2 reading: A meta-analysis. *Studies in Second Language Acquisition.* 1–26. DOI: 10.1017/S0272263121000267

Johnson, M.D. (2020). Planning in L1 and L2 writing: Working memory, process, and product. *Language Teaching, 53*(4), 1–13.

Juffs, A., & Harrington, M. (2011). Aspects of working memory in L2 learning. *Language Teaching, 44*(2), 137–166.

Jung, D., DiBartolomeo, M., Melero-García, F., Giacomino, L., Gurzynski-Weiss, L., Henderson, C., & Hidalgo, M. (2020). Tracking the dynamic nature of learner individual differences: Initial results from a longitudinal study. *Studies in Second Language Learning and Teaching, 10*(1), 177–219.

Just, M.A. & Carpenter, P.A. (1992). A capacity theory of comprehension: Individual differences in working memory. *Psychological Review, 99*(1), 122–149.

Karousou, A., & Nerantzaki, T. (2020). Phonological memory training and its effect on second language vocabulary development. *Second Language Research.* https://doi.org/10.1177/ 0267658319898514

Kellogg, R.T. (1996). A model of working memory in writing. In C.M.Levy & S. Ransdell (Eds.), *The science of writing: Theories, methods, individual differences, and applications* (pp. 57–71). Lawrence Erlbaum Associates.

Linck, J.A., Osthus, P., Koeth J.T., & Bunting, M.F. (2014). Working memory and second language comprehension and production: A meta-analysis. *Psychonomic Bulletin & Review, 21*(4), 861–883.

Logie, R.H. (1995). *Visuo-spatial working memory.* Lawrence Erlbaum Associates.

Logie, R.H., Belletier, C. & Doherty, J.M. (2021). Integrating Theories of Working Memory. In Logie, R.H., Camos, V. & Cowan, N. (Eds.), *Working memory: State of Science* (pp. 380–429). Oxford University Press.

Miyake, A., & Shah, P. (Eds.) (1999). *Models of working memory: mechanism of active maintenance and executive control.* Cambridge University Press.

Novick, J.M., Bunting, M.F., Dougherty, M.R., & Engle, R.W.(Eds.)(2020). *Cognitive and working memory training: Perspectives from psychology, neuroscience, and human development.* Oxford University Press.

Osaka, M., & Osaka, N. (1992). Language independent working memory as measured by Japanese and English reading span test. *Bulletin of the Psychonomic Society, 30*(4), 287–289.

Rai, M.K., Loschky, L.C., & Harris, R.J.(2015). The effects of stress on reading: A comparison of first-language versus intermediate second-language reading comprehension. *Journal of Educational Psychology, 107*(2), 348–363.

Repovš, G., & Baddeley, A.D. (2006). The multi-component model of working memory: Explorations in experimental cognitive psychology. *Neuroscience, 139*(1), 5-21.

Satori, M. (2021). Effects of working memory on L2 linguistic knowledge and L2 listening comprehension. *Applied Psycholinguistics, 42*(5), 1313-1340.

Shah, P. & Miyake, A. (1999). Models of working memory: An introduction. In Miyake, A., & Shah, P. (Eds.) *Models of working memory: Mechanisms of active maintenance and executive control*(pp. 1-27). Cambridge University Press.

Sweller, J. (1988). Cognitive load during problem solving: Effects on learning. *Cognitive Science, 12*(2), 257-285.

Tanaka, N. (2015). *Effects of working memory capacity of EFL learners on text comprehension and perceptual cognitive loads: Using three reading modes. Annual Review of English Language Education in Japan, 26*, 269-284.

Vasylets, O. & Marin, J. (2021). The effects of working memory and L2 proficiency on L2 writing. *Journal of Second Language Writing, 52*, https://doi.org/10.1016/j.jslw.2020.100786

Wallace, M.P. & Lee, K. (2020). Examining second language listening, vocabulary, and executive functioning. *Frontiers in Psychology, 11*, https://doi.org/10.3389/fpsyg.2020.01122

Wen, Z. (2015). Working memory in second language acquisition and processing: The phonological/executive model. In Wen, Z., Mota, M. & MacNill, A. (Eds.), *Working memory in second language acquisition and processing*(pp. 41-62). Multilingual Matters.

Wen, Z. (2016). Phonological and executive working memory in L2 task-based speech planning and performance. *Language Learning Journal, 44*(4), https://doi.org/10.1080/09571736.2016.1227220

Williams, M., Mercer, S., & Ryan, S. (2015). *Exploring psychology in language learning and teaching.* Oxford University Press.

第3章

言語適性

1. はじめに

　言語適性に関する研究は1950年代のオーディオリンガル・メソッドによる言語教育が盛んだった時代に始まった。その当時の適性[1]研究の目的は外国語学習に成功する学習者を予測することであり，言語適性がどのように外国語学習に関わっているかを説明することではなかった。その後，教授法の主流がコミュニカティブ・アプローチになってからは，適性研究はオーディオリンガルでの学習を背景とした研究だとして批判され停滞した。1970年代以降に第二言語習得研究が盛んになってきてからも言語適性はほとんど注目されることはなかった。

　しかし，2000年代になり第二言語習得研究において習得に個人差が生じる原因の解明が重要な研究課題（Dörnyei, 2014; Robinson, 2002aなど）になると，言語適性は研究領域の周辺から中央へと移され，再び脚光を浴びるようになった（Skehan, 2002）。そして，言語適性が再概念化され，多くの実証研究が行われるようになった。つまり，適性研究の目的が単なる学習成果の「予測」から第二言語習得の「説明」へと変化したのである（Wen et al., 2019）。近年は実証研究論文だけでなく，言

---

[1]　本稿では文脈に応じて「言語適性」と同じ意味で「適性」を使用する。

語適性に関する書籍（小柳・向山, 2018; 向山, 2013; Granena & Long, 2013; Wen et al., 2019 など），レビュー論文や論考（DeKeyser, 2012; Robinson, 2005; Skehan, 2015 など），メタ分析（S. Li, 2015, 2016）などが発表されている。このような動向からも，第二言語習得研究において言語適性が非常に注目されていることがわかる。

　本章では言語適性と第二言語習得との関連について，近年の研究の動向を整理する。まず，初期の適性テスト開発とその後の適性の再概念化に言及しながら，研究者によって異なる言語適性の構成要素の捉え方について述べる。次に，これまでに行われた適性研究の研究デザインについて説明する。そして，近年の様々な実証研究から明らかになっていることを，年齢と言語適性，指導と言語適性，言語能力レベルと言語適性という観点から紹介する。

2.　適性研究の概観

2.1　適性テストと適性の構成要素

　言語適性とは一般的に外国語学習のための特別な才能を指す（Skehan, 2002）。第二言語習得の速度や到達度は様々な個人的特性に影響されるが，それらの特性のうち言語適性は非常に影響力の強い認知的特性である。言語適性という構成概念がどのような構成要素から成るものなのか，また，言語適性は生得的で変化しない能力なのか，あるいは学習によって変化しうるものなのか，といった根本的な問題に関しては，現時点において研究者間で見解が一致しているわけでない。

　初期の適性研究はどのような学習者がより早く外国語を習得できるのかを探ることが目的であったため，言語適性テストの開発に主眼が置かれた。そのような研究動向の中で開発された Carroll & Sapon (1959) による MLAT (Modern Language Aptitude Test) は，これまでに開発された適性テストの中で最も代表的なものといえる。このテストは学習成果を予測する可能性がある様々なテストを実施し，コース修了後の成績との相関を見て，相関が高いものだけを残すという方法で開発された。つまり，言語

適性についての理論的背景があって開発されたものとはいえない。
MLAT は 5 つのサブテストから構成されている[2]。そして，言語適性の構
成要素と考える「音韻符号化能力 (phonemic coding ability)」，「連合記
憶 (associative memory)」，「文法的敏感性 (grammatical sensitivity)」，
「帰納的言語学習能力 (inductive language learning ability)」の 4 つを 5
つのテストで測定しているとしている (Carroll, 1962) が，MLAT の 5 つ
のサブテストの中には「帰納的言語学習能力」を測定できるテストが含ま
れていないことが指摘されている。しかし，現在でも一部のサブテストは
研究などに使用されている。

　MLAT 以降の適性テストの 1 つに，Pimsleur (1966) によって開発さ
れた高校生向けの PLAB (Pimsleur's Language Aptitude Battery) が
ある。PLAB では 4 つのサブテスト（語彙，言語の分析，音声の識別，
音声と記号の一致）によって，「言語能力 (verbal ability)」，「音韻的能
力 (auditory ability)」，「分析能力 (analytic ability)」の 3 つの能力を
測定しているとされる。その中でも，特に音韻的能力の測定に重点が置
かれており，音声に関わるテストが 2 つ含まれている。

　MLAT，PLAB 以外にも，同じように学習成果を予測することを目
的とした適性テストが開発されたが，それらの中には MLAT の予測妥
当性を超えるものはない (Skehan, 2002)。しかし，認知的アプローチ
による第二言語習得研究が発展した現在，言語適性と第二言語習得との
関連を解明するためには，MLAT で測定可能な能力との関係を検討す
るだけでは不十分になった。

　近年の言語適性テスト開発はそれまでのテストと異なり，なんらかの
理論に基づいて進められている。そのような適性テストの 1 つに
LLAMA Aptitude Tests (Meara, 2005) がある。LLAMA は語彙学習
(vocabulary learning)，音声認識 (sound recognition)，音声と記号の結

2　5 つのサブテストは，1. 数字学習 (Number learning) 2. 音声スクリプト (Phonetic
script) 3. 綴り手がかり (Spelling clues) 4. 文中の単語 (Words in sentences) 5. ペアマッチ
ング (Paired associates) である。

合 (sound-symbol association)，文法的推論 (grammatical inferencing) を測定する 4 つのサブテストから構成されている[3]。MLAT や PLAB を踏まえて開発されているため仮定する適性の構成要素に類似点はあるが，Granena (2013) は LLAMA を用いた研究を分析し，LLAMA は 2 つの異なる適性領域—明示的学習と関連する分析能力と，暗示的学習と関連する系列学習能力 (sequence learning ability) を測定していると指摘している。MLAT は英語話者向けに開発されたテストであったために，様々な言語話者に使用するためには，それらの言語でのバージョンの作成が必要であったが，LLAMA は特定の言語に依存しないテストである。また，コンピュータで実施可能なこともあり，近年は MLAT に代わり LLAMA を使用する研究が増えてきた (Abrahamsson & Hyltenstam, 2008; Yilmaz, 2013 など)。

　これまでの適性テストは初級，中級レベルの学習成果を予測することに焦点があったが，Hi-Lab (High-Level Language Aptitude Battery: Doughty et al., 2010) は上級レベルの運用能力を予測することを目的として開発された適性テストである。Hi-Lab は思春期以降に学習を開始して上級レベルに到達する学習者の適性の構成要素として，処理速度，聴覚的鋭敏性，ワーキングメモリ (短期記憶容量，注意制御)，明示的帰納能力，連合記憶，暗示的帰納能力，プライミング能力を仮定している (Doughty, 2019)。開発中に構成概念の妥当性，信頼性，予測妥当性など様々な観点から検証が行われており，Linck et al. (2013) では上級レベルの運用能力がワーキングメモリ，音韻的短期記憶 (phonological short-term memory)，連合記憶，暗示的学習能力と関連していることが明らかにされている。

　以上で取り上げた適性テストでは，適性が変化しうるかどうかには言及していないが，知性研究の理論に基づいて開発された CANAL-FT (Cognitive Ability for Novelty in Acquisition of Language as applied

---

3　LLAMA は次のサイトからダウンロードできる。https://www.lognostics.co.uk/tools/index.htm

to Foreign Language Test: Grigorenko et al., 2000) は，適性は言語学習の経験によって変化するという立場を明確にしている。テストが公開されていないため具体的な問題例を知ることはできないが，未知の人工言語を学習するテストによって言語学習の潜在能力を測定しているという。なお，Grigorenko et al. (2000) では CANAL-FT と MLAT には関係がなかったことが報告されている。

　以上，代表的な適性テストについて簡単に紹介した。上述のように，近年は LLAMA のような新しい適性テストを用いた研究も増えてきている。また，ワーキングメモリや音韻的短期記憶が言語適性として注目されるようになってきた。それらの記憶をリーディング・スパンテスト，リスニング・スパンテスト，演算スパンテスト (operation span test)，単語スパンテスト (word span test)，非単語スパンテスト (non-word span test)[4] といった方法で測定し，それぞれがどのように第二言語習得に関連しているかを実証する研究が多く行われている。

2.2　適性処遇交互作用に基づく仮説

　言語適性と第二言語習得との関係を考えるうえで重要になるのが，Cronbach (1957) による適性処遇交互作用 (Aptitude Treatment Interaction: 以下 ATI) という考え方である。ATI は指導方法の効果を能力・適性 (aptitude) と処遇 (treatment) の相互作用 (interaction) として捉える，つまり，学習者の適性が違えば指導の効果も異なるとする考え方である。以前の適性研究においても ATI は検証されていたが，当時はメソッド，アプローチのレベルでの検証であった (Wesche, 1981 など)。しかし，現在では指導テクニック，タスクといったミクロなレベルでの ATI の検証に研究の焦点が移っている。

　ATI に基づき適性と指導との関係について仮説を提示しているのが Robinson (2001, 2002b など) で，指導によって重要になる適性要素の組

4　本章に書かれている様々なスパンテストの詳細は第2章を参照のこと。

み合わせを適性の複合体 (aptitude complexes) として，リキャスト，付随的学習 (音声)，付随的学習 (文字)，明示的学習の場合の4つを例示している[5]。例えば，学習者の誤りに対して正用を繰り返すだけの暗示的フィードバックであるリキャストには，適性として「発話の記憶」「ギャップの気づき」が重要とされている。そして，それぞれにさらに下位の能力として「音韻的ワーキングメモリ容量」と「音韻的ワーキングメモリ速度」，「知覚速度」と「パターン認知」が仮定されており，このような能力が高い場合にリキャストが効果的であるとされている。

　指導テクニックではなく言語処理段階，学習段階との相互作用について仮説を構築しているのが Skehan (1998, 2002 など) である。Skehan (2002) は適性要素を音韻処理能力，言語分析能力，記憶力の3つとし，それらが言語処理の段階と相互作用していると主張している。なお，ATI でいう処遇 (treatment) は教育的介入にとどまらない幅広い概念であり，Skehan のこの主張も Robinson とは異なる観点から第二言語習得における ATI を捉えたものである。具体的にはインプットの段階では音韻処理能力が，中央処理の段階では言語分析能力が，そしてアウトプットの段階では記憶力が重要になるとしている。また，学習段階との相互作用については，音韻処理能力は言語能力が低い段階で重要，言語分析能力はすべての段階で重要，記憶力はすべての段階で重要であるが言語能力レベルが高くなった段階でより重要になると主張している[6]。

2.3　適性研究のデザイン

　文法習得における言語適性の役割を検証する実証研究のメタ分析を行った S. Li (2015) は先行研究を，適性と学習の到達度との相関を検討する研究と，適性と指導効果との相互作用を検討する研究の2つのタイプに分類している。基本的には，前者の予測的研究 (predictive study) においては適性テストの成績と一定期間の学習後の成果との関係を相関

5　Robinson (2002b: p. 119) の図を参照のこと。

6　Skehan (1998: p. 217) の概念図を参照のこと。

や重回帰分析によって検討するデザイン，また，後者の相互作用的研究
（interactional study）においては，教育的介入の前後にテストを実施し
その伸びと適性テストの成績との関係を検討するデザインになる。

　しかし，予測的研究においても初期の研究に見られるような学習環境
や指導条件を統制していない研究もあれば，特定の指導・学習条件にお
ける学習成果を予測する研究もある。また，どの程度の学習期間なのか
も研究によって異なるうえ，適性をどのように測定しているのか
（MLATのような適性テストによる総合的な測定か，言語分析能力や記
憶力といった特定の適性要素の測定か），学習成果をどのように測定し
ているか（総合点か，特定のスキルか）なども異なっている。さらに研
究対象が小中高校生なのか，大学生を含めた成人なのかといった学習者
の属性も異なるなど，多様な研究が行われている。また，測定を縦断的
に複数回実施している研究もある（向山 , 2009; Sagarra, 2000 など）。

　一方，ATIに基づく相互作用的研究においては，複数の指導・学習条件
と適性との相互作用を検討するデザインが基本であり，明示的な指導，暗
示的な指導を比較する研究が多い（Erlam, 2005; Hwu & Sun, 2012 など）。
フィードバック方法の明示性と適性との相互作用を検討する研究も複数行
われている（S. Li, 2013; Yilmaz, 2013 など）。相互作用的研究においては指
導対象項目を選ぶことになるので，どのような言語形式を対象としている
かも研究によって異なる。学習者にとって未知の言語や人工言語の学習で
ATIを検証する研究も行われている（de Graaff, 1997; Robinson, 2002c な
ど）。このように相互作用的研究は基本的なデザインは同じであっても，
焦点を当てる適性や学習成果の測定方法がかなり異なっている。

　以上のように適性研究は多様な研究デザインで行われているため，適
性と学習成果との関連を一般化することは難しいが，S. Li (2015) はこ
の50年間に行われた文法習得に関する予測的研究 17 本，相互作用的研
究 16 本[7]を統計的にメタ分析し，次のようなことを明らかにしている。

7　取り上げられている研究は本節で例示している研究と一致しているわけではない。
詳細は S. Li (2015) の Supplementary information のリストを参照のこと。

①文法習得と適性との間に弱い相関（$r = .31$）があった。

②暗示的指導より明示的指導において適性の影響が強かった。

③年齢と適性との関係は予測的研究と相互作用的研究では異なっていた。予測的研究では年齢が低い学習者に適性の影響が強く，相互作用的研究ではその反対だった。

④従来型の適性テストで測定された適性は学習初期の成果，および意識的な学習に関連していた。

　このように S. Li (2015) がこれまでの研究をメタ分析し，言語適性の関与について一定の傾向を示したことには大きな意義がある。しかし，取り上げている研究は 1960 年代のものも含まれているうえ，予測的研究に関しては学習環境が考慮されておらず，第二言語環境の研究，外国語環境の研究が混ざっている。このため，③の予測的研究において年齢が低い学習者に適性の影響が強かったという結果に関しては少々疑問が生じる。そこで次節以降で，近年の適性に関する実証研究を個々にもう少し詳しく見て，年齢との関係，指導・学習条件との関係，言語能力レベルとの関係について明らかになっていることを整理したい。

2.4　年齢と言語適性

　年齢と言語適性との関係については，第二言語習得における臨界期（critical period）の有無との関連で議論されている。ここで注意が必要なのは，この議論は「第二言語環境」における学習開始年齢と到達度の問題の中で出てきたものであり，「外国語環境」における議論ではないことである。つまり，インプットが豊富な自然習得環境で第二言語を身につけた人たちを対象とした研究であり，学習開始年齢と言語適性の関係が臨界期の前後で異なるのかという問題に焦点が当てられている。

　DeKeyser (2000) は学習開始年齢と到達度，および言語適性との関係を検証するためにハンガリー語を母語とする米国移住者 57 人を対象として，子どものときに学習を始めたグループと成人になってから学習を始めたグループを比較した。その結果，子ども時代に学習を開始したグ

ループは言語適性（ハンガリー語版 MLAT で測定）の高低に関わらず習得に成功していたのに対し，成人になってから開始したグループでは言語分析能力と到達度との関連が見られた。このことから DeKeyser は第二言語習得にも臨界期があり，臨界期以前に学習を開始すれば言語適性に関係なく母語話者並み（native-like）の言語能力を習得できると結論づけたが，この結果に対して，対象者の言語レベルが十分に高いことが保証されていなかったこと，言語知識を測定するための文法性判断テスト（時間制限なし）が易しすぎたことなど，対象者や測定方法についての問題点が指摘された。

　そこで，Abrahamsson & Hyltenstam (2008) は対象者としてスペイン語を母語とし母語話者並みの言語能力を持つスウェーデン語 L2 話者42 人を厳選し，難易度の高い文法性判断テスト（時間制限なし）を用いて DeKeyser (2000) の追検証をした。その結果，学習開始年齢に関わらず，母語話者並みと見なされていても，母語話者と比較すると文法性判断テスト得点は低く，完全に母語話者と同等の知識を習得しているわけではないことが示された。そして，この研究でも先行研究と同様に学習開始年齢が高いグループでは適性（MLAT を基に作成したスウェーデン語版テストで測定）との関連が示された。しかしその一方，学習開始年齢が低いグループでもそれほど強いものではなかったものの適性との関連が示された。したがって，学習開始年齢が低い場合にも適性がなんらかの影響を及ぼしていることが明らかになった。

　Granena (2013) はこれまでの研究では明示的学習に対する適性の測定に重きが置かれていると指摘し，LLAMA_D を用いて暗示的学習に対する適性を測定した。中国語を母語とするスペイン語 L2 話者 100 人の形態的統語的な能力に焦点を当てて，学習開始年齢と適性との関連を検証した。文法性判断テスト（時間制限有りと無しの 2 種類）を行った結果，どちらのテストにおいても学習開始年齢にかかわらず言語適性が高い場合に成績が良いことが示された。したがって，この研究においても，言語適性は学習開始年齢が低い場合にも影響があることが示された。

　これらの研究結果は調査協力者の選定方法や適性の測定に使用したテストが異なるため結果の詳細には違いがあるが，学習開始年齢が高いグループで言語適性の関与が大きいことはどの研究においても示されている。また，学習開始年齢が低いグループに関しても，高いグループとは程度の異なりはあるが，適性の影響があることが示された。臨界期があるかどうかという問いに明確な結論は出せないが，第二言語環境での自然習得，すなわち暗示的学習が中心であっても，思春期を境にして学習がより明示的なものに変化し，それが適性との関連の違いに表れていると考えられるだろう。

　適性と学習開始年齢についての代表的な研究を紹介したが，それらの結果はDoughty et al. (2010) の年齢と到達度の関係を表した概念図（図3-1）を見ると理解しやすい。

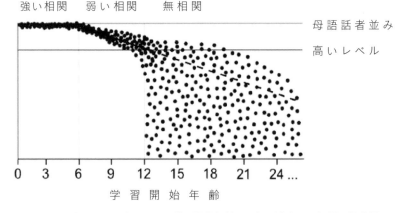

図 3-1　第二言語環境における学習開始年齢と習得到達度との相関の概念図

（Doughty et al., 2010, p. 11 を一部改編。筆者訳）

　この図では学習開始年齢が6歳以下の場合には到達度との相関が強く，母語話者並みのレベルに到達するが，思春期前であっても6歳を過ぎると学習開始年齢と到達度との関連が弱くなるとともに，到達度も全

体的にやや低くなることが示されている。また，思春期以降は学習開始年齢と到達度との関連は急激に弱くなると同時に，高いレベルに到達しにくいことが表されている。上述の研究で示された結果は，この図で無相関とされている思春期以降に学習を開始した場合には，適性の影響を強く受けるということである。また，Abrahamsson & Hyltenstam (2008) や Granena (2013) で学習開始年齢が低いグループにも適性との相関が多少見られたことは，思春期前でも年齢が上がるにつれて徐々に到達度との相関が弱くなっていることを示すこの概念図と合致する結果であると考えられる。

　上述のように，適性と学習開始年齢の関係は，第二言語環境において高いレベルの言語能力を持つ人を対象として検証が行われている。それらとは異なり外国語環境で行われたものであるが，年齢と適性との関係の解明を研究課題としている研究にも言及しておきたい。

　Harley & Hart (1997) はフランス語イマージョンで学んでいる英語母語の生徒 65 人を対象として，学習開始年齢と適性の関連を検討した。学習開始が小学 1 年生のグループと中学 1 年生のグループを比較した結果，イマージョンでの学習開始年齢が低い場合は記憶力との相関，開始年齢が高い場合は言語分析能力との相関があり，暗示的な学習が主となるイマージョン教育環境においても学習開始年齢によって適性の関与が異なることが示された。この研究では単に適性が影響するかどうかだけでなく，どのような適性要素が関連しているかということを明らかにした点が特筆される。年齢が高いグループはイマージョンであっても明示的な指導も多かったことが結果に影響しているという指摘もあるが，第二言語環境においても思春期を境にして言語適性との関連が強くなることを考えると，やはり学習が暗示的なのか，明示的なのかということが適性との関係に影響しているのではないかと思われる。

　また，学習開始年齢が異なるグループを比較した研究ではないが，Harley & Hart (2002) は高校生を対象にして 3 か月のホームステイという自然習得環境における学習成果に適性が関与しているかどうかを調

査している。この研究においても言語分析能力の高い生徒ほど学習成果が高かったことが明らかになっている。対象者の学習開始年齢は問題にされていないが，10代の学習者が自然習得環境で暗示的に学ぶ際に言語適性が影響することが示された。

　以上，第二言語環境における学習開始年齢に関わる代表的な研究と，外国語環境でのイマージョン，短期のホームステイを対象とした研究から得られた結果について述べた。これらの研究から示唆されるのは，学習開始年齢の問題は暗示的学習か明示的学習かという学習方法の問題と関連するのではないかということである。学習開始年齢が高くなるということは学習方法に明示的，分析的な要素が増えるということであり，そのために言語適性，特に言語分析能力との関連が強くなると考えられる。一方，第二言語環境での学習の場合も，学習開始年齢が低いグループに全く適性の影響が見られないわけではなかった。また，Harley & Hart (1997) ではイマージョンでの学習開始が早いグループに記憶との関連が示されている。Baddeley et al. (1998) が多くの研究をレビューし，ワーキングメモリの音韻ループの機能が子どもの語彙習得（母語の場合も第二言語の場合も）に重要だと主張していることからも，認知能力が未発達な段階で暗示的学習をする場合には記憶力，特に音韻的な記憶力が重要である可能性があると思われる。

2.5　指導・学習条件と言語適性

　本節では指導・学習条件と言語適性との関係について，これまでの研究で明らかになっていることを整理したい。すでに「2.3 適性研究のデザイン」で述べたように，適性と指導の相互作用を明らかにする研究は基本的に複数の指導・学習条件の比較，主に明示的と暗示的を比較しているが，研究数はそれほど多くはない。また，様々な要因の統制が必要なため，クラスルーム研究は少なく，多くは実験室研究である。そして，これらの研究の特徴として指導の対象項目を定めていることも挙げられる。以下で代表的な ATI 研究を文法学習，訂正フィードバックに

分け，明示的条件と暗示的条件における適性の関与に焦点を当てて結果を紹介する。

2.5.1　文法学習の明示性と言語適性

de Graaff (1997) と Robinson (1997) はすでに 20 年以上前の研究になるが，当時注目されていた指導効果研究の中に適性を変数として組み込んだ先駆的な研究である。de Graaff (1997) はオランダ人大学生を対象とし，明示的指導と暗示的指導における人工言語の学習と MLAT で測定した適性との関連を検討した。その結果，どちらの指導条件においてもテスト得点と適性に相関があり，適性の高い学習者は指導条件に関わらず学習に成功していた。つまり，明示的，暗示的どちらの学習においても適性が関与していた。

Robinson (1997) は，4 つの条件（暗示的，付随的，ルール発見，明示的）で中級英語学習者に難易度が異なる 2 つのルールを学習させた。暗示的，ルール発見，明示的の 3 条件で文法性判断テスト得点と適性（MLAT で測定）との間に相関が見られ，de Graaff (1997) と同様，明示的条件でも暗示的条件でも適性との関連が示された。しかし，この研究には対象者の母語が統一されていないこと，対象者の母語に関わらず英語版の MLAT を用いて適性を測定したことなどいくつかの問題点があった。このような問題点を改善して行われた Robinson (2002c) では，日本人大学生を対象とし被験者内計画[8]でサモア語を明示的，暗示的，付随的の 3 条件で学習するという実験を行った。適性の測定には LABJ (Language Aptitude Battery for the Japanese: Sasaki, 1996)[9]，リーディング・スパンテスト，ウェクスラーの知能テストが用いられた。明示的条件で言語分析能力との関連があったが，暗示的条件，付随的条件では関連がないという結果になった。暗示的条件で適性との関連がなかったのは Robinson (1997)，de Graaff (1997) と異なる。

8　一人の学習者がすべての条件で学習する研究デザイン

9　Sasaki (1996) が研究のために MLAT を基に日本人向けに作成した適性テスト

　数少ないクラスルームでの ATI 研究に Erlam (2005) がある。ニュージーランドの中学生のフランス語学習者に直接目的格代名詞を指導する準実験を行った。演繹的指導，帰納的指導，構造化インプット指導での学習成果と適性との関係を検討した結果，適性 (PLAB，MLAT，単語リストの記憶で測定) にはグループ間に差はなかったが，学習成果に関しては明示的説明があった演繹的グループが最も高かった。しかし，演繹的グループで適性との関連は示されなかった。つまり，明示的なルール説明が適性の低い学習者にプラスの影響を与えていたといえる。一方，説明がない帰納的グループでは言語分析能力との関連が示されたことから，学習者自身がインプットの中からルールを帰納する必要がある暗示的学習において，言語分析能力が重要であることが示唆された。このように Erlam (2005) では de Graaff (1997)，Robinson (1997, 2002c) と異なり，明示的条件で適性との関連が示されなかった。この違いは Erlam (2005) の対象者が中学生で年齢が比較的低いこと，MLAT が中学生には難しかったこと，実験ではなくクラスルーム研究であることなどが影響している可能性がある。

　2010 年代に入ると ATI 研究はそれまでの研究と比べ，研究課題がより焦点化されてきた。例えば，VanPatten & Borst (2012) は処理指導 (processing instruction) [10] という指導方法において，明示的文法説明の有無による適性との関係の違いを検証している。ドイツ語学習者を対象として，文法説明の有無を操作して処理指導を行った結果，明示的説明があったグループは対象言語形式の処理が正しくできるようになるのが早く，また，適性 (MLAT で測定) との関係も示された。それに対して，明示的説明のないグループには適性との関連が見られなかった。

　VanPatten & Borst (2012) の他には，2 種類の明示的指導を比較して ATI を検討した Hwu & Sun (2012) もある。学習前に文法説明を受ける明示的演繹的条件と帰納的学習の後で文法説明を受ける明示的帰納的

10　VanPatten & Cadierno (1993) が考案した文法形式に焦点を当てる指導で Focus on Form の一種とされている。

条件を設定し，英語母語の大学生にスペイン語の文法をコンピュータで学習させた。その結果，2つの明示的指導の学習効果には差がなく，MLAT で測定した適性との関連もなかった。しかし，テキストの記憶で測定した記憶力の高い学習者ほど学習が進んでいたこと，特に帰納的条件で記憶力の影響が大きいことが示された。

　以上の研究の結果を明示的条件と暗示的条件だけに絞って結果をまとめると表3-1 のようになり，明示的条件では適性，特に言語分析能力が関連していることを示した研究が多いことがわかる。一方，暗示的条件に関しては Erlam (2005) 以外では同時に明示的学習との関連も示されている。これらのことから，学習条件の明示性によって関連の強さに違いがあるが，明示的学習であるか暗示的学習であるかにかかわらず，言語適性は学習に影響を及ぼしているといえるだろう。2.3 で述べた S. Li (2015) のメタ分析では ATI 研究として文法学習もフィードバックも合わせて対象として，「暗示的指導より明示的指導において適性の影響が強かった」という結論を述べているが，文法学習に関しては S. Li (2015) の結論は妥当であるといえるだろう。

表 3-1　文法学習と適性の関連

	明示的		暗示的	
	言語分析能力	ワーキングメモリ	言語分析能力	ワーキングメモリ
de Graaff (1997)	○	―	○	―
Robinson (1997)	○	―	○	―
Robinson (2002c)	○	×	×	×
Erlam (2005)	×	―	○	―
VanPatten & Borst (2012)	○	―	×	―
Hwu & Sun (2012)	×	○	×	＊

・○×は関連の有無，―は調査していないことを示す。＊帰納的学習後に文法説明を受けている点で，厳密には暗示的とは言えない。

2.5.2　フィードバックの明示性と言語適性

　次にフィードバックと適性の ATI について明らかになっていること
を確認したい。文法学習だけでなく訂正フィードバック方法の明示性と
適性との関連を検討する研究も複数行われている。

　Sheen (2007) はアメリカのコミュニティカレッジで学ぶ中級英語学習
者を対象とした教室で行われた準実験研究で，リキャストとメタ言語に
よる明示的訂正を比較した。英語の冠詞を学習する中でフィードバック
を与え，その効果と適性との関連を検討した。指導前後の得点の伸びと
言語分析能力（人工言語のルール学習）との関係を検討した結果，明示
的訂正グループだけに相関が示され，リキャストには示されなかった。

　Sheen (2007) と同じようにリキャストと明示的訂正フィードバック
を比較している実験研究に Yilmaz (2013) がある。英語母語の大学生を
対象として，学習経験のないトルコ語の複雑さの異なる 2 つの言語項目
を学習する中でフィードバックを受けた。学習成果は口頭産出と理解に
よって測定され，言語適性は LLAMA_F で言語分析能力が，演算スパ
ンテストでワーキングメモリが測定された。分析の結果，明示的フィー
ドバックには言語分析能力，ワーキングメモリの両方が関連していた
が，リキャストには関連していなかった。

　S. Li (2013) もリキャストとメタ言語訂正フィードバックに焦点を当
て，大学で中国語を学ぶ学習者を対象として適性との関連を検証してい
る。学習項目は中国語の助数詞である。この研究では適性として言語分
析能力とワーキングメモリ（MLAT，リスニング・スパンテストで測
定），学習成果は明示的知識と暗示的知識が測定された。重回帰分析の
結果，リキャストでは言語分析能力が明示的知識の伸びに関連している
ことが示されたのに対し，ワーキングメモリとの関連は見られなかっ
た。一方，明示的なメタ言語訂正では言語分析能力との関連は示され
ず，ワーキングメモリとの関連が示された。リキャストと明示的訂正に
異なる適性が関わっていることから，フィードバック方法と適性要素に
相互作用があることが確認された。

　検討対象のフィードバックはリキャストだけであるが，Révéz (2012) のクラスルーム研究も紹介する。この研究はハンガリーの高校で学ぶ初級英語学習者を対象にして，誤用に対してリキャストされるグループとされないグループを比較している。取り上げられた適性はワーキングメモリと音韻的短期記憶（リーディング・スパン，ディジット・スパン，非単語スパンで測定）である。分析の結果，ワーキングメモリ，音韻的短期記憶に優れている学習者ほどリキャストから学んでいたことが示された。

　Trofimovich et al. (2007) も Révéz (2012) と同様にリキャストだけを対象とした研究である。フランス語母語の英語学習者が，コンピュータで提示された絵について音声提示された質問に答え，その回答に対してリキャストが与えられるという実験研究である。適性は言語分析能力，音韻的短期記憶，ワーキングメモリ，注意制御（MLAT，非単語の認知，文字と数字によるリスニング・スパン，トレイル・メイキング[11]）の 4 つを測定した。これらの適性と産出の正確さとの関係を分析した結果，言語分析能力と注意の制御に学習成果テストとの相関が示された。

　以上で取り上げた実証研究の結果の要点だけをまとめると表3–2のようになる。リキャストだけを対象とした研究も取り上げたため，明示的対暗示的という考察はしにくいが，明示的訂正に言語分析能力との関係を示している研究のほうが多い。したがって，フィードバックに関しても明示的な方法に適性，特に言語分析能力が関与していると考えられる。

　Robinson (2002b) が複合適性のモデルで仮定しているリキャストとワーキングメモリとの関連は，Révéz (2012)，Trofimovich et al. (2007) では示されたのに対し，Yilmaz (2013)，S. Li (2013) では示されなかった。これはワーキングメモリの測度として Révéz (2012) ではリーディング・スパン，Trofimovich et al. (2007) ではリスニング・スパンとトレイル・メイキング，Yilmaz (2013) では演算スパン，S. Li (2013) で

11　ランダムに書かれた数字を順番に線でつなげていく注意制御を測定するテスト

はリスニング・スパン，というように研究ごとに用いた方法が異なっていることが影響している可能性が考えられる。ワーキングメモリの測定には様々な方法があるので，第二言語習得研究における適性研究にどのような方法を用いるのがよいか，今後の研究の積み重ねによって明らかにされることが期待される。

表 3-2　フィードバックと適性の関連

	明示的訂正		リキャスト	
	言語分析能力	ワーキングメモリ	言語分析能力	ワーキングメモリ
Sheen (2007)	○	—	×	—
Yilmaz (2013)	○	○	×	×
S. Li (2013)	×	○	○	×
Révéz (2012)	—	—	—	○
Trofimovich et al. (2007)	—	—	○	○（注意の制御）

・○ × は関連の有無，—は調査していないことを示す。

　表 3-1，3-2 で結果の概要をまとめたとおり，各研究の結果は一致するものではない。ワーキングメモリの測定方法が研究ごとに異なっていることを上述したが，それ以外にも様々な点で違いがある。まず，適性の測度や学習成果の測度が異なっている。例えば，Yilmaz (2013) が用いた LLAMA_F は帰納的学習能力を測定するとされているが，多くの研究が用いている MLAT_4（文中の単語）は帰納的学習能力を測定できていないという批判があり，適性として測定されている能力に違いがある。また，それぞれの研究が対象とする言語形式も学習成果の測定方法も異なっている。さらに，実験研究かクラスルーム研究か，対象者が成人か高校生か，学習項目が初習か既習かといった点も異なっている。このような要因が適性研究の結果を一般化するのを困難にしていると考えられる。S. Li (2015) のようなメタ分析をより正確なものにするために

は，さらに多くの適性研究が行われることが必要であろう。

2.6　言語能力レベルと言語適性

2.2 で Skehan（2002）の ATI に関する主張を紹介した。本節ではその主張に関連する実証研究について述べ，言語能力レベルと言語適性との相互作用に関して明らかになっていることを整理する。Skehan の仮説（音韻処理能力は運用能力が低い段階で重要である，言語分析能力はすべての段階で重要である，記憶力は運用能力が高くなった段階でより重要になる）を検証するためには，学習者の言語能力を縦断的に調査する，あるいは言語能力の異なる群を横断的に比較することが必要である。

このようなデザインの研究として，まず縦断的研究の Sagarra（2000）を挙げる。この研究は大学でスペイン語を学ぶ英語母語の大学生を対象として，1 年半の学習期間中に 2 回文法テストを実施し，ワーキングメモリとの関係を検討した。その結果，2 回とも文法知識とワーキングメモリ（リーディング・スパンテストで測定）との間に有意な相関は示されず，Skehan が予測するような言語能力レベルによる適性の貢献度の違いは検証できなかった。しかし，2 回目の調査時点でも学習者の言語能力が初級後期レベルであったため，1 回目と比べて能力にそれほど差がなかった。そのために，適性との関係に違いが現れなかった可能性もあるだろう。

同じように縦断的にデータ収集をしているのが向山（2009）である。この研究は Skehan の仮説の検証を研究目的としている。学習開始前に適性として音韻的短期記憶，言語分析能力，ワーキングメモリ（未知語の復唱，日本語学習適性テスト，リーディング・スパンテストで測定）を，学習開始から 3 か月ごとに 5 回の学習成果を測定し，適性と学習成果の関連の変化を分析した。学習成果の指標として文法知識，聴解，読解テストを実施しているため，適性との関連の変化はテストごとに異なるが，合計得点で見た場合に，音韻的短期記憶は学習初期に重要，言語分析能力は一貫して重要，ワーキングメモリは学習が進んだ段階で重要

ということが示され，Skehan の仮説を支持する結果となった。

また，向山 (2010) では，同じ学習者に対して学習開始6か月後と15か月後に会話テストを実施し，その評価と適性との関連を検討している。その結果，2回とも会話能力と音韻的短期記憶，言語分析能力との相関が示された。さらに詳しく分析すると，会話能力が低い学習者は音韻的短期記憶が低いこと，また，15か月で高い会話能力を身につけた学習者は言語分析能力，ワーキングメモリが優れていることが明らかになった。したがって，向山 (2009) 同様，Skehan が主張する言語能力レベルとの ATI が実証されたといえる。

Skehan の仮説を検証した研究として L. Li (2013) も挙げられる。この研究は中国の大学で英語を専攻する大学2年生を対象とし，適性と英語能力の関係を検討している。言語適性は5つのテスト (2つの自作テストと PLAB の3つのサブテスト) で測定され，学習成果のデータは1年後 (中級レベル)，2年後 (上級レベル) の英語専攻学生用の全国テストの結果が使用された。重回帰分析の結果，音の識別とテキストの記憶は中級，上級どちらでも有意な説明変数であったが，言語分析能力は上級レベルだけに関連が見られた。この結果は Skehan の予測するパターンとは異なるが，適性と言語能力レベルの相互作用を示すものである。

以上，4つの縦断研究について述べた。次に，言語能力レベルの異なるグループを比較するいくつかの横断研究に言及する。Winke (2005) は英語母語の中国語学習者を対象とした研究で，初級と上級，2つのグループを対象として，適性 (MLAT，リスニング・スパンテスト，視空間ワーキングメモリで測定) と中国語テスト得点との関係を分析した。その結果，初級グループでは MLAT，およびワーキングメモリとの相関が示されたのに対し，上級グループではワーキングメモリとの相関だけが示された。したがって，この研究においても学習段階によって関連する適性が異なることが示されたといえる。

同じように言語能力の異なる学習者グループを比較している研究に Kormos & Sáfár (2008) がある。ハンガリーにおけるバイリンガル教育

プログラムにおいて，異なる英語能力レベルの中学生を対象として行われた研究である。全くの初級者と初中級者を対象として，音韻的短期記憶，ワーキングメモリ（非単語の復唱，逆行ディジット・スパンテストで測定）と1年後の英語能力との関係を検証している。その結果，音韻的短期記憶との関連は初中級グループだけに見られた。一方，初級だけが測定対象となったワーキングメモリは作文以外のすべてのテストと相関が示された。

　最後に，異なる言語能力レベルのグループを対象として縦断的にデータ収集をした Serafini & Sanz (2016) の結果について述べたい。この研究はアメリカの大学におけるスペイン語学習者（初級，中級，上級）を対象にした研究で，1学期中に学習成果を3回測定し，音韻的短期記憶とワーキングメモリ（ディジット・スパンテスト，演算スパンテストで測定）との関係を調べた。分析の結果，ワーキングメモリはどの群のどの時期のテスト得点ともほとんど関連がなかった。それに対して，音韻的短期記憶は初級グループ，中級グループでは3回のテストすべてにおいて有意な相関が示され，言語能力レベルが比較的低い段階で音韻的短期記憶が重要であることが示された。

　以上で紹介した研究を，Skehan が適性要素であると考える音韻処理能力，言語分析能力，記憶力に注目して結果をまとめると表3-3のようになる。なお，音韻処理能力には音韻符号化能力や音韻的短期記憶などが含まれるので，音韻的短期記憶との関連の有無は音韻処理能力のセルに記入した。

表3-3　言語能力レベルと適性の関連

		レベル	音韻処理能力	言語分析能力	ワーキングメモリ
Sagarra (2000)	縦断	初級〜初中級	—	—	関連なし
向山 (2009)	縦断	初級〜上級	初級で関連	どの段階でも関連	上級で関連
向山 (2010)	縦断	初級〜上級	初級で関連	上級で関連	上級で関連
L. Li (2013)	縦断	中級〜上級	どちらのレベルでも関連	上級で関連	どちらのレベルでも関連
Winke (2005)	横断	初級・上級	初級で関連	初級で関連	どちらのレベルでも関連
Kormos & Sáfár (2008)	横断	初級・初中級	初中級で関連	—	初中級で関連*
Serafini & Sanz (2016)	縦横断	初級・中・上級	初級, 中級で関連	—	関連なし

・—は調査していないことを示す。
＊逆行ディジット・スパンテストは初級学習者だけに実施，初中級になった時点の結果

　以上で紹介した言語能力レベルと適性との関係に関する実証研究においてすべての結果が一致しているわけではない。しかし，Skehanの仮説通りの結果を示した研究ばかりではないが，学習段階によって関与する適性要素が違うことはほとんどの研究で示されている。したがって，言語能力レベルと適性のATIが実証されたといってもよいだろう。また，全体的傾向として音韻処理能力は初期の学習との関連，ワーキングメモリは比較的能力が高くなってからの学習との関連が見られる。表3-3に挙げた3つの適性要素はどれも第二言語習得のすべての段階において重要であるが，音韻処理能力はインプットを取り込むために不可欠であることから，学習の初期段階においてはこの能力の高低で学習者間に習得の差が生じるものと思われる。また，高い言語能力になると学習者が目標言語を使用して行うタスクも複雑で認知的負荷の高いものにな

る。そのようなタスクの遂行にはワーキングメモリを効率よく使えることが重要となる。そのために学習が進んだ段階でワーキングメモリの個人差が大きく影響するのであろう。

3.　今後の展望

　第二言語習得研究において学習者の個人差が注目されるようになり，習得に対する影響が大きい言語適性は様々な観点から研究が進められている。しかし，未解明の問題も多く，今後も研究の積み重ねが必要である。特に以下に挙げる問題は解明が期待される。

　本稿で取り上げた指導・学習条件との相互作用については引き続き研究する必要がある。どのような指導・学習条件にどのような適性が関連しているのかという研究課題は，Robinson の主張するような ATI の解明，すなわち理論的な問題の解決だけでなく，教育にも示唆を与えることが可能な論題である。本稿では明示的条件と暗示的条件の比較に焦点を当てて先行研究をまとめたが，暗示的学習条件や付随的学習条件にどのような適性が関わっているのかという問題を扱っている研究は十分に行われていない。自然習得者の場合だけでなく，教室習得者も暗示的，付随的に学習を進めていること，学習条件は学習開始年齢の問題とも関連があることなどを考えると，非常に重要な課題である。また，指導・学習条件と適性の ATI を検証する研究のデザインは実験研究になるが，その際に学習対象とする言語形式の特徴によって結果が異なる可能性がある。つまり，指導・学習条件，適性，言語形式の相互作用があるということである。言語形式の習得には母語と目標言語との類型論的な距離の影響があるので，複雑な相互作用になるが，研究対象者の母語と目標言語の関係，対象の言語形式を変数として操作し，実験をデザインすることも今後の研究の方向性の１つとなろう。

　2.6 で述べた言語能力レベルと適性との相互作用の問題もまだ十分に解明されていない。適性研究が初期の学習の速さを予測することから始まったからであろうか，上級レベルの言語能力を予測する適性について

の研究が不足している。また，上級まで縦断的にデータ収集を行って検討している研究はほとんどない。学習段階によって異なる適性が影響することが徐々に明らかになってきているが（表3-3参照），適性と学習成果との関係の変化を縦断的に追っていく研究がさらに求められる。そのような研究は第二言語習得理論の発展に貢献するだけでなく，どのような適性を持つ学習者に，どの学習段階で，どのような教育的介入をすべきかといった第二言語教育に対する示唆を与えられるものである。

　現在，言語習得研究は第二言語習得から多言語習得へと範囲が広がっている。適性研究においてもバイリンガルなどの多言語話者を対象とすることで，言語学習経験と適性との関連が明らかになれば，適性は変化するのかという大きな問題の解決につながる可能性があるだろう。また，母語話者並みの日本語能力を身につけた学習者の適性と学習開始年齢との関係を検討することで，欧米での研究が中心となっているこの課題に新たな知見を加えることも可能であろう。

　最後に測定の問題に言及したい。適性や学習成果をどのように測定するかは非常に大きな課題である。適性テストの開発は個人で行うことはほぼ不可能であるため，測定ツールの問題からこれまで日本では適性研究があまり行われてこなかった。しかし，現在は2.1で紹介したLLAMAのような言語から独立した適性テストも開発されている。このような容易に入手できる測定ツールを用いることによって，日本語習得についての適性研究が発展することが期待できる。また，多くの研究者が音韻的短期記憶やワーキングメモリを適性の構成要素だと認識しているが，これらの記憶を測定する方法は記憶研究領域で研究が進んでいる。その知見を基に測定ツールを作成することは，簡単とはいえないが，適性テストの開発と比べればそれほど困難なことではないだろう。信頼性，妥当性のある測定方法を考案することで，記憶に焦点を当てた適性研究を行うことが可能である。

　対象者の学習成果や知識などをどのような方法で測定するかも重要な問題である。向山（2009, 2010）では文法，聴解，読解，会話を対象に学

習者の能力を測定したが，適性との関連，および関連の変化は技能ごと
に異なっていた。つまり，言語スキルと適性との相互作用も存在すると
いうことである。したがって，学習者のどのような能力に焦点を当て
て，どのような方法で測定するか，様々な角度から研究を行う必要があ
ると思われる。

　以上，これまでに行われた適性研究で明らかになった研究結果の一部
について述べてきたが，学習開始年齢，指導・学習条件，言語能力レベ
ル，言語項目，言語スキルなどが，複数の適性要素と相互作用している
という複雑な様相を示している。様々なATIのどの部分に焦点を当て
るか，研究の可能性は非常に多く，適性研究の発展が期待される。

参照文献

小柳かおる・向山陽子 (2018).『第二言語習得の普遍性と個別性：学習者の個人差
　　要因と教室指導』くろしお出版.

向山陽子 (2009).「第二言語習得において学習者の適性が学習成果に与える影響：
　　言語分析能力・音韻的短期記憶・ワーキングメモリに焦点を当てて」『日本語
　　科学』25, 67–90.

向山陽子 (2010).「言語適性と第二言語の会話能力との関連：会話能力を予測する
　　適性要素は何か」『言語文化と日本語教育』39, 60–69.

向山陽子 (2013).『第二言語習得における言語適性の役割』ココ出版.

Abrahamsson, N., & Hyltenstam, K. (2008). The robustness of aptitude effects
　　in near-native second language acquisition. *Studies in Second Language
　　Acquisition, 30*(4), 481–509.

Baddeley, A., Gathercole, S. & Papagno, C. (1998). The phonological loop as a
　　language learning device. *Psychological Review, 105*(1), 158–173.

Carroll, J.B. (1962). The prediction of success in intensive foreign language
　　training. In R. Graser (Ed.), *Training research and education,* (pp. 87–136).
　　Wiley. (ERIC Document Reproduction Service No. ED038051)

Carroll, J.B. & Sapon, S. (1959). *Modern language aptitude test-Form A.*
　　Psychological Corporation.

Cronbach, L.J. (1957). The two disciplines of scientific psychology, *American
　　Psychologist, 12*, 671–684.

de Graaff, R. (1997). Implicit and explicit experiment: Effects of explicit
　　instruction on second language acquisition. *Studies in Second Language*

Acquisition. 19(2), 249–279.

DeKeyser, R. M. (2000). The robustness of critical period effects in second language acquisition. *Studies in Second Language Acquisition, 22*(4), 499–533.

DeKeyser, R. (2012). Interactions between individual differences, treatments, and structures in SLA. *Language Learning, 62*(2), 189–200.

Dörnyei, Z. (2014). *The psychology of the language learner: Individual differences in second language acquisition.* Routledge.

Doughty, C. (2019). Cognitive language aptitude. *Language Learning, 69*(S1), 101–126.

Doughty, C., Campbell, S., Mislevy, M., Bunting, M., Bowles, A., & Koeth, J. (2010). Predicting near-native ability: The factor structure and reliability of Hi-LAB. In *Selected proceedings of the 2008 second language research forum* (pp. 10–31). Cascadilla Proceedings Project.

Erlam, R. (2005). Language aptitude and its relationship to instructional effectiveness in second language acquisition. *Language Teaching Research, 9*(2), 147–171.

Granena, G. (2013). Individual differences in sequence learning ability and second language acquisition in early childhood and adulthood. *Language Learning, 63*(4), 665–703.

Granena, G., & Long, M. H. (Eds.). (2013). *Sensitive periods, language aptitude, and ultimate L2 attainment.* John Benjamins.

Grigorenko, E., Sternberg, R., & Ehrman, M. (2000). A theory-based approach to the measurement of foreign language learning ability: The Canal-F theory and test. *The Modern Language Journal, 84*(3), 390–405.

Harley, B., & Hart, D. (1997). Language aptitude and second language proficiency in classroom learners of different starting ages. *Studies in Second Language Acquisition, 19*(3), 379–400.

Harley, B., & Hart, D. (2002). Age, aptitude and second language learning on a bilingual exchange. In P. Robinson (Ed.), *Individual differences and instructed language learning* (pp. 301–330). John Benjamins.

Hwu, F., & Sun, S. (2012). The aptitude-treatment interaction effects on the learning of grammar rules. *System, 40*(4), 505–521.

Kormos, J. & Sáfár, A. (2008). Phonological short-term memory, working memory and foreign language performance in intensive language learning. *Bilingualism: Language and Cognition, 11*(2), 261–271.

Li, L. (2013). Foreign language aptitude components and different levels of foreign language proficiency among Chinese English majors. In Q. Zhang & H. Yang (Eds.) *Pacific rim objective measurement symposium (PROMS) 2012 conference proceeding* (pp. 179–196). Springer.

Li, S. (2013). The interactions between the effects of implicit and explicit feedback and individual differences in language analytic ability and working memory. *The Modern Language Journal, 97*(3), 634–654.

Li, S. (2015). The associations between language aptitude and second language grammar acquisition: A meta-analytic review of five decades of research. *Applied Linguistics, 36*(3), 385–408.

Li, S. (2016). The construct validity of language aptitude: A meta-analysis. *Studies in Second Language Acquisition, 38*(4), 801–842.

Linck, J. A., Hughes, M. M., Campbell, S. G., Silbert, N. H., Tare, M., Jackson, S. R., Smith, B. K., Bunting, M. F., & Doughty, C. J. (2013). Hi-LAB: A new measure of aptitude for high-level language proficiency. *Language Learning, 63*(3), 530–566.

Meara, P. (2005). *LLAMA language aptitude tests*. Swansea, Lognostics.

Pimsleur, P. (1966). *The Pimsleur language aptitude battery*. Harcourt Brace Jovanovitch.

Révéz, A. (2012). Working memory and the observed effectiveness of recasts on different L2 outcome measures. *Language Learning, 62*(1), 93–132.

Robinson, P. (1997). Individual differences and the fundamental similarity of implicit and explicit adult second language learning. *Language Learning, 47*(1), 45–99.

Robinson, P. (2001). Individual differences, cognitive abilities, aptitude complexes and learning conditions in second language acquisition. *Second Language Research, 17*(4), 368–392.

Robinson, P. (Ed.) (2002a). *Individual differences and instructed language learning*. John Benjamins.

Robinson, P. (2002b). Learning conditions, aptitude complexes and SLA: A framework for research and pedagogy. In P. Robinson (Ed.), *Individual differences and instructed language learning* (pp. 113–136). John Benjamins.

Robinson, P. (2002c). Effects of individual differences in intelligence, aptitude and working memory on adult incidental SLA: A replication and extension of Reber, Walkenfeld and Hernstadt (1991). In P. Robinson (Ed.), *Individual differences and instructed language learning* (pp. 211–266). John Benjamins.

Robinson, P. (2005). Aptitude and second language acquisition. *Annual Review of Applied Linguistics, 25*, 46–73.

Sagarra, N. (2000). *The longitudinal role of working memory on adult acquisition of L2 grammar*. Unpublished Ph.D. dissertation, University of Illinois at Urbana-Champaign.

Sasaki, M. (1996). *Second language proficiency, foreign language aptitude, and intelligence*. Peter Lang.

Serafini, E. J., & Sanz, C. (2016). Evidence for the decreasing impact of cognitive ability on second language development as proficiency increases. *Studies in Second Language Acquisition, 38*(4), 607–646.

Sheen, Y. (2007). The effects of corrective feedback, language aptitude, and learner attitudes on the acquisition of English articles. In A. Mackey (Ed.), *Conversational interaction in second language acquisition* (pp. 301–322). Oxford University Press.

Skehan, P. (1998). *A cognitive approach to language learning.* Oxford University Press.

Skehan, P. (2002). Theorizing and updating aptitude. In P. Robinson (Ed.), *Individual differences and instructed language learning* (pp. 69–94). John Benjamins.

Skehan, P. (2015). Foreign language aptitude and its relationship with grammar: A critical overview. *Applied Linguistics, 36*(3), 367–384.

Trofimovich, P., Ammar, A., & Catbonton, E. (2007). How effective are recasts? The role of attention, memory, and analytical ability. In A. Mackey (Ed.), *Conversational interaction in second language acquisition* (pp. 171–195). Oxford University Press.

VanPatten, B., & Borst, S. (2012). The roles of explicit information and grammatical sensitivity in processing instruction: Nominative-accusative case marking and word order in German L2. *Foreign Language Annals, 45*(1), 92–109.

VanPatten, B., & Cadierno, T. (1993). Explicit instruction and input processing. *Studies in Second Language Acquisition, 15*(2), 225–243.

Wen, Z. E., Skehan, P., Biedroń, A., Li, S., & Sparks, R. L. (Eds.) (2019). *Language aptitude: Advancing theory, testing, research and practice.* Routledge.

Wesche, M. (1981). Language aptitude measures in streaming, matching students with methods, and diagnosis of learning problems. In K. C. Diller (Ed.), *Individual differences and universals in foreign language aptitude* (p. 119–154). Newbury House.

Winke, P. M. (2005). *Individual differences in adult Chinese second language acquisition: The relationships among aptitude, memory and strategies for learning.* Unpublished Ph.D. thesis, Georgetown University.

Yilmaz, Y. (2013). Relative effects of explicit and implicit feedback: The role of working memory capacity and language analytic ability. *Applied Linguistics, 34*(3), 344–368.

第4章

ビリーフ

1. はじめに

第4章では「ビリーフ (beliefs)」を扱う。ビリーフについて，日本語教育に関する事典における定義を見てみると，「言語学習についての信念 (ビリーフ) とは，言語学習の方法・効果などについて人が自覚的，または無自覚的にもっている信念や確信を指す」(日本語教育学会, 2005, p. 807)，「学習者や教師が言語や言語学習に関して抱いている個人的な信念や見解のこと」「ビリーフは個人の経験に基づく価値観や評価によって形成されることが多いため，その内容は必ずしも真実でなく，思い込みや偏った考えの場合もある」(近藤・小森, 2012, p. 93) といった説明がされてきた。また，概説書 (津田塾大学, 2006) や最近の入門書 (小林他, 2018) でも扱われてきたが，ビリーフの新たな捉え方や最近の研究動向はあまり紹介されていない。

そこで本章では，学習者の言語学習ビリーフに関して，これまでの研究の流れと最近の研究潮流を紹介し，今後の研究を展望する。本節で本章の目的と構成を述べた後，第2節では第二言語習得研究と日本語教育学における研究の流れを概観し，両者の特徴を考察する。最後の第3節では，研究の新しい視点を確認して，今後の研究の方向性を見据えたい。

2.　ビリーフ研究の概観

2.1　第二言語習得研究におけるビリーフ研究

　第二言語習得研究における学習者のビリーフへの興味関心は，1970年代の Good Language Learner の研究 (Rubin, 1975 など) に遡るという。言語習得に成功する学習者の言語学習適性や動機づけ，言語学習ストラテジーなどと共にビリーフといった個人差要因が言語習得の結果に関係すると考えられ，検討された (Kalaja et al., 2016, p. 8)。その後1970年代後半から1980年代前半にかけて，コミュニカティブ・アプローチによる教育が広がり，言語のコミュニケーションにおける機能や，学習者のニーズや期待や経験，学習者による言語学習の問題点の理解といった，学習者への興味関心が広がった (Kalaja & Barcelos, 2019)。

　このような興味関心の広がりを受けて，5つの重要な研究群がこれまで展開してきた。①まず，1980年代後半の Horwitz と Wenden の研究である。言語学習ストラテジーに関する論文集 (Wenden & Rubin, 1987) に掲載された研究とその前後に発表された一連の研究が含まれる。②続いて，上記①の流れを受けて，ビリーフに関するシンポジウムが1999年の国際応用言語学会 (Association Internationale de Linguistique Appliquée: AILA) で開催され，それが研究誌 *System* の特集号 (*System* 27巻4号，1999年) としてまとめられた (Barcelos, 2003a)。③その後，2000年9月の The British Association for Applied Linguistics (BAAL) の年次大会においてもシンポジウムが開催され，それをまとめた研究論文集 (Kalaja & Barcelos, 2003) が刊行された。④そして，研究誌 *System* の特集号 (*System* 39巻3号，2011年) が③の研究の流れを引き継ぎ，⑤研究論文集 Kalaja et al. (2016) が同じ流れを引き継いでいる。

　こういったビリーフ研究の流れは，これまでいくつかの文献 (Barcelos, 2003a; Kalaja et al., 2016; Kalaja et al., 2018) で整理されている。本章では Kalaja et al. (2018) を参考にして，上記①②を Traditional approach「伝統的アプローチ」，③〜⑤を Contextual approaches「文脈的アプローチ」と呼び，主に Kalaja et al. (2016)，Kalaja et al. (2018)，Kalaja & Barcelos

（2019）を参考にしながら研究の流れを見ていく。

2.1.1　第二言語習得研究における伝統的アプローチ

　まず，第二言語習得研究におけるビリーフ研究の伝統的アプローチ
（traditional approach）を見ていく。このアプローチでは，人間の行動
や心理を分析するにあたり，その機能面を問題にせず外形的な面に注目
する観点を重視し，言語学習の客観的特性に注目する（Kalaja &
Barcelos, 2019）。

　このアプローチの初期の研究はHorwtizとWendenが先導した。
Horwitzはビリーフをはっきり定義していないが，言語学習や言語教育
についての「先入観，偏見（preconceptions）」，「態度（attitudes）」と
いった語で表現している（Horwitz, 1985）。一方，Wendenは認知心理学
の用語を用いてbeliefsを「メタ認知知識（metacognitive knowledge）」
と呼び，「言語や言語学習，そのプロセスについて習得した知識で，正し
くないこともあるが説明可能で変化しない知識」（Wenden, 1987, p. 163）
と定義している。つまり，ビリーフは学習者個人の経験や他者に基づい
て出来上がっており，学習者がそれを語ることができ，変化しにくいも
の，学習行動の選択に関与しているものと考えられている。学習者の心
の中にあり，直接観察できず，間接的方法（アンケートやインタビュー）
によってデータ収集される（Kalaja & Barcelos, 2019）。

　Horwitzの一連の研究（Horwitz, 1985, 1987, 1988, 1999）では，ビリー
フの測定のための調査紙としてBeliefs about Language Learning In-
ventory（BALLI）が開発された。リカート尺度によるstrongly agree,
agree, neither agree nor disagree, disagree, strongly disagreeの5件
法による回答形式である。英語学習者への調査から，5つのビリーフの
領域（「外国語への態度」「言語学習の難しさ」「言語学習の特性」「言語
学習・言語コミュニケーションストラテジー」「動機づけ」）が報告され
た（Horwitz, 1987）。

　Wendenの一連の研究（Wenden, 1986, 1987）では，英語学習者への

半構造化インタビューを内容分析（content analysis）の手法で分析し，学習者が持つ言語学習についての知識，学習ストラテジーについてのビリーフを探った。知識として5点（a 学習言語，b 学習言語の自分の習熟度，c 自分の学習結果，d 言語学習過程における自分の役割，e 最善の言語学習方法）（Wenden, 1986），ストラテジーについてのビリーフとして3点（a 自然な方法で学習言語を使うことの重要性，b 学習言語の文法と語彙について知ること，間違いから学ぶこと，精神的な健康の重要性，c 個人的要因（感情，自己概念，態度，適性の重要性）（Wenden, 1987）を学習者は語れることがわかった。

　これらの研究以降，伝統的アプローチでは主に Horwitz の BALLI やそれを改変した調査紙を使ったアンケートによる研究が主流を占めている（Kalaja & Barcelos, 2019）。そういった研究では，ある学習者グループのビリーフの単純な記述だけでなく，学習者ビリーフと学習者のその他の個人的特徴（学習ストラテジー，第二言語不安，動機づけ，パーソナリティ）のデータを，より複雑な研究デザインによって収集し，統計的分析によって背景的特徴（性別，年齢，言語習熟度など）との相関関係や因果関係を示すという（Kalaja et al., 2018）。例えば，Bernat（2009）では，BALLI による結果と学習者のパーソナリティとの関係を明らかにしている。また，インターネットで "BALLI" を検索語として論文検索することで，同種のアプローチによる研究が多数見つかることも指摘されている（Kalaja et al., 2018）。

　ただし，このアプローチは以下のような点で批判がある（Barcelos, 2003a）。まず，学習者が持つビリーフを記述・分類し，そこから学習者の行動としてのストラテジー使用を類推しているが，実際の学習者の行動を観察していないという点である。また，ビリーフと行動の関係を単純な因果関係（「生産的なビリーフ（productive beliefs）が学習を成功に導くストラテジー使用や行動につながる」という考え）で類推し，関係を単純化している点も批判されている。アンケートという調査法に関しては，質問項目の作成者が意図する内容を回答者が正確に解釈して回答

しているかわからない点で結果の解釈が難しい点が指摘されている。さらに，学習者が持っているビリーフが意味するところは何なのか，なぜそのようなビリーフを持つのかということが明らかにできていない点も大きな批判として挙がっている。

2.1.2 第二言語習得研究における文脈的アプローチ

　一方，第二言語習得研究におけるビリーフ研究の文脈的アプローチ（contextual approaches）は 2000 年前後を境にして現れてきた。この研究では，人間の行動や心理を分析するにあたり，その機能面や文化面に注目する観点を取り込み，言語学習の主観的特性に注目する。学習対象となる言語，学習者であること，学習過程，学習の文脈には，ポジティブまたはネガティブな経験が備わっており，そこに個人的な意味付けがなされているという立場である（Kalaja & Barcelos, 2019）。この立場による研究では，ビリーフが文脈に高度に依存し，動的であること，ある場合からある場合へとビリーフが変化することが認められた。質的研究として多様なデータ収集方法が採られ，解釈論的立場に立つ内容分析，ディスコース分析，ナラティブ分析といった質的分析手法を採用している（Kalaja et al., 2018）。以下，Kalaja et al. (2018) で整理された文脈的アプローチの潮流を見ていく。

　文脈的アプローチで最も古い研究の 1 つは，教育哲学者デューイ（Dewey）の理論を基盤とした Barcelos (2003b) の研究であるという（Kalaja et al., 2018）。民族誌学的観察，半構造化インタビュー，アンケート，フィールドノートによって言語教師 3 名，言語学習者 3 名のビリーフを収集し，エスノグラフィーの方法で分析し，比較対照した。結果として，教師と学習者は異なるビリーフを持っているが相互に影響を与えあっていること，ビリーフはそれぞれの経験に埋め込まれており，互いが互いのビリーフと行動を解釈し，それが新しい経験を作り出し，さらにビリーフを形作っていくことがわかった。つまり，ビリーフが動的で文脈依存的であることを示しているという。

　ディスコース研究 (discursive research) の潮流では，1990 年代後半に応用言語学に紹介された談話心理学者エドワーズ (Edwards) などの理論が基盤になっている。この潮流では，ビリーフが学習者の心の中にあるものと推測するのではなく，ある特定の状況において学習者が話したことや書いたものによって構築され，間接的に観察可能なものだと捉える (Kalaja, 1995)。また，言語が心の中を反映するだけでなく，ビリーフや動機づけや態度といった心的なものが，言語を通して学習者を取り巻く社会的な世界を構築すると解釈するという。この潮流の初期の研究には Kalaja (2003) がある。また，Kalaja (2016) では，フィンランドの英語教師養成の 5 年制修士課程の院生を対象に，4 〜 5 年の間隔で，フィンランド語 (L1) と英語 (L2) に関する文完成タスクを行ってもらった。データ分析の結果，時間を経て院生にとって英語が生活の一部や道具となり，「英語は難しい」というビリーフが減ったという。

　対話主義 (dialogism) の潮流では，ディスコース研究の潮流に比べ，環境におけるビリーフの文脈的本質をさらに強調するという。この潮流ではバフチン (Bakhtin) の考え方が理論的基盤にあり，伝統的アプローチのように個人に焦点を当てつつ，ディスコース研究の潮流のように筆記や口頭による談話を研究対象とする。さらに，ビリーフは，学習者がその人生の中で触れ合う個人的な，社会的な，組織的な視点，または「声」を反映し，理性的要素からも感情的要素からも構成されていると考える。この潮流による研究としては，Dufva (2003) がある (Kalaja et al., 2018)。Dufva (2003) では，Dufva がそれまで収集したフィンランドの外国語学習者や教師に対するライフストーリーのデータを使って，対話主義の潮流におけるビリーフの捉え方を紹介している。そこでは，ディスコース研究の潮流で批判されているような，「ビリーフは認知的な現象である」という立場に立つという。この立場では，ビリーフを，時間や空間の中に位置するもの (situated)，環境に埋め込まれているもの (embodied)，時間の経過によって変化するもの (dynamic)，個人の頭の中で生まれるものではなく，環境なども含めた全体的なものとして

考えるべきもの (systemic) であると捉えている。

　社会文化的アプローチ (sociocultural approaches) の潮流は，文脈的アプローチでおそらく最も広く使われていると考えられ，ヴィゴツキー (Vygotsky) による理論を基盤としている。この理論では，社会的相互交流においてビリーフがどのように他者と共構成され，媒介されるのかに焦点を当て，ビリーフにおける他者や人工物の役割と，スピーチの重要性を強調するという。この潮流では，伝統的アプローチと同じようにビリーフの行動への影響に関心を持ちつつ，ビリーフが基本的には文脈的現象であるという考えを持っている。ビリーフに影響を与えるものを明らかにすることが，ビリーフそのものを記述し整理することよりも重要と考えている。Alanen (2003) はこのアプローチによる研究の初期のものである (Kalaja et al., 2018)。フィンランドの 7〜9 歳の子ども 6 人にインタビューし，彼らの外国語学習についてのビリーフが家族や友達，権威を持つインタビュアーに影響されていることを示した (Alanen, 2003)。また，*System* 39 巻 3 号でも，世界各地の主に英語学習の現場における学習者や教師を対象にした社会文化的アプローチの研究が繰り広げられている。2 種類以上のデータを組み合わせた研究や，ESL だけでなく EFL の教室や留学場面に対象を広げた研究が見られる (Barcelos & Kalaja, 2011)。Kalaja et al. (2016) の論文集では Aro (2016a, b) の一連の研究があり，学習者の行為主体性 (agency) の構築について 15 年間の縦断的研究が行われ (Kalaja et al., 2018)，研究の発展が見られる。

2.1.3　第二言語習得研究におけるビリーフ研究のまとめ

　ここまで，第二言語習得研究におけるビリーフ研究を見てきた。学習者のビリーフ研究が，ビリーフそのものに焦点を当てて「何 (what)」を明らかにする研究から，他者との交流によって学習者が「どのように (how)」ビリーフを築きあげるかを明らかにする研究に広がってきたことがわかる。それに伴いビリーフの定義も「学習者が持っているもの (holding)」から，「システムとして動的 (dynamic)」で「他の要素が絡

んで複雑（complex）」なものに変化したことが指摘されている（Kalaja et al., 2018）。

　両者の違いは量的研究か質的研究かということではなく，両者の研究活動の基盤にある「存在論（ontology）」（「社会がどのように存在しているかという考え方」（野村, 2017, p. 3））や「認識論（epistemology）」（「我々は世の中をどのように認識することができるのか」（野村, 2017, p. 1））にある。存在論には「基礎づけ主義」と「反基礎づけ主義」の2つの立場があり，前者は「知識の対象が，私たちから独立して存在」し，私たちは「客観的」に事象の相互関係を観察できる（野村, 2017, pp. 14-15）と考え，後者は，人々がどのようにその出来事を解釈しているか，解釈しよう（させよう）としているかに着目する（野村, 2017, pp. 14-15, 20）。認識論的に，前者は「実証主義（positivism）」と呼ばれ，主に数値データを収集・分析し，後者は「解釈主義（interpretivism）」と呼ばれ，数値データよりも人々の言説などに着目し分析する[1]。「伝統的アプローチ」は前者に，「文脈的アプローチ」は後者にそれぞれ当てはまるといえる。両アプローチの違いを理解するには，「存在論」や「認識論」の違いといった研究視点の違いを意識し理解する必要があるだろう。

2.2　日本語教育学におけるビリーフ研究

　次に，日本語教育学におけるビリーフ研究に目を向ける。日本語教育学におけるビリーフ研究は1990年代から始まったと見られ，Horwitzや Wenden の研究に影響を受けて始まったことが窺われるという（片桐, 2015, p. 52）。それ以降の研究については海野他（2004），片桐（2015），久保田（2015, 2021）[2]に整理されている。以下，これらの文献の情報を

---

[1]　これらの呼び方や位置づけには多くの考え方があり，ここで紹介したものが唯一の枠組みではない（野村, 2017）。
[2]　本章では教師のビリーフのみを扱った研究については取り上げないが，これらの文献では言語教師のビリーフについても取り扱われている。

参考に，主に2010年代以降の研究の展開を2.1節で紹介した2つのア
プローチに沿って見ていく。

2.2.1　日本語教育学における伝統的アプローチ

　ここでの「伝統的アプローチ」は，2.1.1で見たように，学習者や教
師が言語学習や教育について持つ先入観や偏見，知識を，「調査によっ
て取り出せるもの」として扱ったアプローチである。このアプローチに
よるビリーフの調査では，かなりの数の論文でアンケートによるデータ
収集が行われ，統計的な処理による分析が行われてきた。

　形式はBALLIを踏襲した5件法または4件法のリカート尺度を用い
た調査が多い。項目数はそのままで文言を日本語学習や日本語教育の環
境や調査対象者に対応させたり，項目を改変，追加，削除したりして実
施される。

　内容は多岐に渡る。BALLIのような言語学習一般に関するビリーフ
のほか，特定の言語技能（読解，聴解，会話，作文，発音など）や項目
（漢字，文法など）の学習や教育に関するビリーフ，特定の学習活動（ピ
ア活動，ジグソー学習法など）に関するビリーフ，学習ストラテジーの
効果に関するビリーフ，教師に関するビリーフ（良い教師観），授業に
関するビリーフ（良い授業観）などがある。

　調査地としては，大きく分けて日本国内と国外がある。日本国内は
JSL（第二言語としての日本語学習）環境，日本国外はJFL（外国語とし
ての日本語学習）環境となるが，JSL環境では，様々な文化的言語的背
景の学習者を同時に対象とする調査と，ある特定の背景の学習者を対象
とする調査がある。JFL環境では，その調査地出身の学習者を対象と
する調査が多い。地域としては東アジア，東南アジア，南アジア，ヨー
ロッパ，オセアニアでの調査が多くある。北米や中南米での調査は少な
く，中東やアフリカでの調査はごくわずかしかない。また，各学校種別
（高等教育機関（大学等），中等教育機関（中学・高校），その他の日本語
教育機関（主に日本語学校））での調査も見られる。

　分析観点は記述・比較・変化を検討したものに大別できる（海野他,
2004）。「記述」は，単一の学習者グループのビリーフを記述したり，ビ
リーフと調査対象者の個人差特徴（学習ストラテジーの使用，自律的学
習の程度，習得度）との関係を記述したりする。「比較」は，複数の調
査対象者グループのビリーフを比較するもので，学習者間の特徴の違
い[3]（学校種別，学年，専攻（日本語専攻か否か，留学生別科か否か，文
系か理系かなど），日本語レベルや能力，性別，調査地（JSL か JFL か）
など）の比較もあれば，学習者と教師，学習者と教師養成コース受講者
の比較もある。「変化」は，縦断的調査として，同じ対象者に時間を空
けて（例えばある学期のコースの最初と最後に）調査し，違いを変化と
して分析する「パネル調査」や，ある調査地で一定の時間を空けて，同
じ属性の新たな対象者への調査結果を比べる「繰り返し調査[4]」がある。
　2010 年代以降の研究でアンケート[5]を用いた主なものを以下，筆者が
確認できた範囲で取り上げる。まず目立つのは，日本国外のこれまで調
査がなかった地域でのビリーフ記述調査である。中米（メキシコ（髙﨑,
2014），コスタリカ（松本, 2020a, b）），中央アジア（カザフスタン（森,
2017），キルギス（西條, 2020）），アフリカ（エジプト（崖, 2020; 櫻井,
2012））などの研究がある。また，調査があった地域でも新たな調査地
としてドイツ（髙井, 2015）やラオス（吉川, 2020）での調査が行われ，
世界的な日本語学習の広がりに対応している。さらには，世界各地の学
習者対象のアンケート結果を総合して比較する試み（阿部, 2014）も行わ
れている。また，日本国内ではベトナム人学習者を対象とした研究（真
田, 2019; 瀬古・藤澤, 2016; 中川他, 2021）があり，日本国内の学習者増
に対応している。さらには，学習者や学習環境の多様性を考慮した研究
として，日本で学習する複言語環境出身・複言語使用の学習者（良永,

3　複数の学年の学習者や学習レベルの異なる学習者のビリーフの違いを「変化」と解
釈する研究もあるが，本来は「違いの比較」と解釈すべきであろう。

4　繰り返し調査は本来は統計学的に妥当なサンプリングが必要である（野村, 2017）。た
だし，教育現場を対象とした調査では難しいとされる（ドルニェイ, 2006）。

5　アンケートへの批判は本章 2.1.1 で指摘した。小池（2002）の指摘も参考になる。

2017, 2018) や学習停滞者 (朱・金, 2020)，海外の孤立環境 (西條, 2020) を対象とした研究もある。特定の技能や学習項目に関するビリーフ研究としては，聴解学習 (葦原, 2015; 王, 2015; 黄・唐, 2014; 芦, 2013)，漢字学習 (ブシマキナ, 2013b, c) のビリーフ研究があり，さらに，よい教師 (櫻井, 2012)，いい授業 (中川, 2012; 中川他, 2021) についてのビリーフ研究が見られた。こういった調査研究の広がりは，学会発表，卒業論文，修士論文ではさらに顕著だが，論文本体へのアクセスが難しく，すべての研究の確認は難しい。また，特に中国，台湾，韓国では，現地学会の学会誌等に現地の研究者が日本語で発表した論文 (例えば，徐, 2020; 盧, 2010) も見られる。現地語で発表されている研究も相当程度あることが予想されるが，それらの確認も難しい。さらに，英語で書かれた論文も多数ある可能性が指摘できる。

2.2.2　日本語教育学における文脈的アプローチ

　続いて日本語教育学における文脈的アプローチを見ていくが，果たして 2.1.2 の文脈的アプローチに相当する研究があるのだろうか。まずは，以下，日本語教育におけるアンケート以外の質的研究方法による学習者ビリーフに関する研究を，2010 年代以降のものを中心にして 5 編取り上げる[6]。

　ライフラインメソッド[7]を用いてライフストーリー (life story) を聞き出し分析した研究には岡 (2013) がある。学習者 2 名のインタビューデータから日本語能力の自己評価の変遷を分析し，どのような環境で日本語学習効果を実感するか分析した。その結果，周囲から受ける評価によって日本語能力の向上を実感し，学習者の周囲の人間関係が多様で，テレビなどの非人的リソースに触れる時間もある時期に日本語が上達したと実感していることがわかった。

　修正版グラウンデッド・セオリー・アプローチ (Modified Grounded

6　分析手法がはっきりと示されない研究もあり，それらは扱わない。

7　川島 (2019) を参照。

Theory Approach: M-GTA)[8] を用いた研究は2点ある。滝井（2014）では1年から1年半の間に複数回インタビューを行ってデータ収集した。1回目には母国での外国語学習経験について，2回目には日本での授業や生活について，3回目には2回目に尋ねた内容の変化を，4回目には2回目と同じ項目を質問して気持ちの変化を尋ね，学習意欲の変化のプロセスを分析した。結果として，31の概念とそれらをまとめた11のカテゴリーが得られ，学習意欲の変化プロセスとビリーフの関係が図示された。片桐（2015）では，学習者主体を目指した作文授業導入に対するビリーフや，自律学習支援のためのポートフォリオ作成に対するビリーフについて，どちらも，コースの終盤にインタビューを行い，授業中の活動等について思い出してもらいながら状況や過程を尋ねた。結果として，前者についてのビリーフ形成と変容の過程がモデル化され，後者についても，態度変容過程がモデル化された。

　インタビューデータの定性的コーディング（qualitative coding）[9] による分析としては小林（2015）がある。中国語を母語とする学習者2名を対象として，日本語学習観と学習方略を認知心理学的観点から明らかにすることを目的としている。この研究では学習観をメタ認知知識であると考えており，明らかに「伝統的アプローチ」に立脚している。

　テキストマイニング（text mining）[10] を使った研究としては西島（2020）がある。学習者103名にマインドマップやアウトラインを書くといった事前プランニングをしてから意見文を書いてもらい，プランニング無しで書く場合と比べ，語彙，文法，構成，内容の変化を感じたか，感じた場合にはどのような変化を感じたかを自由回答で記述してもらった。変

8　木下（2020）を参照。教師ビリーフ研究にも見られる（星（佐々木），2016など）。

9　この研究では佐藤（2008）による「定性的コーディング」が行われているが，これは「オープンコーディング」（日高，2019）と共通の特徴を持っていると思われる。オープンコーディングは，「具体的なテキスト（中略）を抽象的な概念のかたちに置き換えていく作業」（日高，2019, p. 72）で，GTAやエスノグラフィーでインタビューデータや参与観察のフィールドノーツの分析にも用いられるという。

10　樋口（2020）などを参照。

化を感じたという回答について，記述内容をテキストマイニングにか
け，抽出語の特徴から、学習者の記述文の傾向を分析した。

　以上本節では，日本語教育でのビリーフ研究の質的分析を見てきた。
「文脈的アプローチ」におけるビリーフの定義を①「他者との交流に
よって学習者が築きあげるもの」，②「システムとして動的なもの」，③
「他の要素が絡んだ複雑なもの」とすると (Kalaja et al., 2018)，ライフ
ラインメソッドとライフストーリーを使った岡 (2013)，M-GTA を使っ
た滝井 (2014)，片桐 (2015) が文脈的アプローチに当てはまるであろう。
定性的コーディング（小林, 2015），テキストマイニング（西島, 2020）に
よる研究は，ビリーフそのものを取り出しており，ビリーフを動的で変
動するものと扱う②の定義を採用していない。このように見てくると，
2.1.2 で紹介した，第二言語習得研究の「文脈的アプローチ」に相当す
る研究は，日本語教育にはまだ少ないということがいえるだろう。

2.3　第二言語習得研究と日本語教育学におけるビリーフ研究

　以上のように，2.1 では第二言語習得研究におけるビリーフ研究を，
2.2 では日本語教育学におけるビリーフ研究を，伝統的アプローチと文
脈的アプローチという 2 つの視点で見てきた。日本語教育学では伝統的
アプローチの研究が多い一方，文脈的アプローチの研究はわずかである
ことがわかった。

　このような違いの原因の 1 つには，採用している研究法（分析手法）の
違いがあるだろう。そこで，ここではサトウ (2019, p. 3) による「質的
研究法マッピング」を筆者が改変した図 4-1 を使って違いを確認したい。

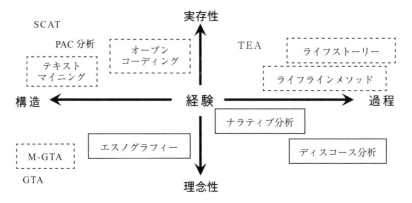

図 4-1　質的研究法マッピング（サトウ, 2019, p. 3 を改変）

　図 4-1 では，サトウ（2019, p. 3）と同様に，質的研究の対象である「経験」を図の中央におき，それをどのように扱うかという点から二軸を置く。横軸は研究法が何を扱うのが得意かを示し，両端は「構造」と「過程」である。縦軸は学問の姿勢として何を重視するかを示し，両端は「実存性」と「理念性」である。

　ここでは，第二言語習得研究の文脈的アプローチ（2.1.2）で使われる研究法を実線で囲み，日本語教育学の質的研究（2.2.2）で使われる研究法を破線で囲んで図に布置した。前者の研究法は図の下半分に，後者の研究法はほとんどが図の上半分に置かれた。つまり，両者はビリーフ研究で重視する方向性が大きく異なることがわかる。図から解釈すると，前者は抽象的な理念性の追究に，後者は具体的個別的な実存性の追究を目指しているといえよう。

3.　今後の展望

　第2節では第二言語習得研究と日本語教育学の学習者ビリーフ研究を概観し，両者の違いを確認した。最後に本節では，新たな研究視点と今後の方向性を確認する。

3.1　ビリーフ研究の新たな研究視点

　Dörnyei & Ryan (2015), Kalaja et al. (2018) によると，第二言語習得研究の文脈的アプローチの新しい研究視点には，感情に関する転回 (affective turn) と複雑系・生態学的転回 (complexity/ecological turn) があるという。

　感情に関する転回は，2000年代初期から Pavlenko (2005) や Dewaele (2010) による二言語・多言語話者に関する応用言語学の研究から広がった考えが基になっており (Kalaja et al., 2018)，個人差の研究においてこれまであまり扱われなかったビリーフの感情的側面が扱われるようになってきたという。例えば，「自分があまり仲の良くない級友のほうが，自分より英語をうまく話せる」というビリーフを持つことで，英語を話す際の恥や困惑の情動が生まれるといった，ビリーフと情動の関係が明らかになっている (Aragão, 2011)。

　複雑系・生態学的転回は，元は社会文化的アプローチと近く，van Lier (2004) の考え方が基盤となった生態的研究 (ecological) の研究が，複雑系理論 (complexity theory) と関連するようになって生まれたという (Kalaja et al., 2018)。複雑系の転回は，2010年代以降の応用言語学における Larsen-Freeman & Cameron (2008) などの考えが基盤にあり，Mercer と Ryan が研究を牽引している (Mercer, 2012; Ryan & Mercer, 2012)。ポジティブ心理学の「マインドセット (mindsets)」(Dweck, 2006) の考え方や，学習者の自己概念 (self-concept) の形成に関わる自己ビリーフ (self-beliefs) の研究が進んでいる。動機づけ，感情，態度といった学習者内要因と，学習の文脈，教師やクラスメートを含めた学習プロセスに関わる文脈全体といった第二言語学習に関する学習者外要因も考慮し，全体的視点を重視する (Kalaja et al., 2018)。また，研究誌の特集号 (*System* 86号) では学習科学や心理学の知見を取り入れた個人差研究が扱われ，言語教育におけるマインドセットに関する研究レビュー (Lou & Noels, 2019) では，マインドセットが様々な動機づけの要素と関連していることが強調されている。

　こういった新たな視点の研究を日本語教育学において見てみると，感情に関する研究として，学習者の漢字への恐怖を教師が報告したブシマキナ (2013a)，シャドーイング時の学習者の情意面へのビリーフの影響を報告した韓 (2014) がある。一方，複雑系・生態学的転回の研究はないようだが，マインドセットについては，教育心理学・学習科学の立場から学習一般における信念と動機づけの関連を紹介した篠ヶ谷 (2019) が参考になる。また，自己概念 (セルフ) については，個人差研究における「セルフ (自己)」研究として学習者のナラティブに注目すべきだという Dörnyei & Ryan (2015) のアプローチを紹介した入江 (2021) が参考になる。

3.2　ビリーフ研究の今後の方向性

　ビリーフ研究の今後の方向性として，Kalaja et al. (2018) や Kalaja & Barcelos (2019) は研究の拡張の必要性を 5 点指摘している。それらは，1) 研究されるビリーフの拡張 (第二言語の特性，第二言語または多言語の学習者・使用者であること，言語学習や教育の過程や結果も含める)，2) 対象とする学習者の拡張 (年齢の違い (子どもから若者，大人，老人まで) も含めた個人背景の違った学習者)，3) 言語学習の文脈の拡張 (通常の言語クラス，CLIL (Content and Language Integrated Learning) のクラス，オンライン環境，留学環境，余暇や趣味の活動，職場など)。4) データ収集や分析方法の拡張 (縦断的研究のデザインとして，コースの間，学期間，1 年間といった期間よりもさらに長期の研究を計画する，言語データだけでなくビジュアルデータも使用する)，5) ビリーフの全体的把握 (動機づけやアイデンティティ，情動がビリーフと相互に影響しあう全体的な生態系の把握) である。このような研究の拡張は，日本語教育学においても当然求められるであろう。

　また，今後は「伝統的アプローチ」と「文脈的アプローチ」の違いをより意識していく必要があるだろう。そのためには，研究活動における「存在論」の違い (「基礎づけ主義」と「反基礎づけ主義」) や「認識論」

の違い（「実証主義」と「解釈主義」）を意識した研究視点（野村, 2017）が必要になる。第二言語習得研究における文脈的アプローチでは「反基礎づけ主義」「解釈主義」の質的データ収集・分析が行われていたが，質的研究が必ずしも「反基礎づけ主義」「解釈主義」になるわけではない。「存在論」や「認識論」の違いを研究の屋台骨として意識し，理解することが重要になっていくだろう。

　その際，図4-1で見た多様な質的研究手法の理解が必要になる。特に，前節3.1で紹介した今後の複雑系の研究転回における「セルフ」への注目が進む際には，図4-1における「実存性」が日本語教育学において重視されるだろう。中山（2021）の指摘によると，日本語教育学では精緻なモデル構築より学習者一人ひとりの理解を深めようとする傾向があり，セルフのメカニズム解明より研究対象者個別の自己感に注目する傾向があるという。この傾向に即した今後の研究の進展では，特に，本章では詳細に取り上げなかった SCAT（Steps for Coding and Theorization）（大谷, 2019），PAC（個人別態度構造）分析（Personal Attitude Construct Analysis）（内藤, 2002），TEA（複線径路等至性アプローチ Trajectory Equifinality Approach）（安田・サトウ, 2017）といった，図4-1 の上半分の象限にある手法の利用が進むだろう。SCAT はコーディングしたデータから理論を導出する手法で，小規模データにも適用可能であり，教師対象の研究に適用例[11]がある。PAC 分析は個人の態度分析を行うための手法で，最近の教師ビリーフ研究[12]でも使われている。また TEA は文化心理学を基盤とし，調査協力者の経験を通した意識や行動の変容過程とその要因を時間の経過の中で分析する。ここ最近，研究[13]が広がっている。

　研究の立場を意識しつつ，日本語教育学で求められる研究対象と研究手法を多様化することで，日本語教育学のビリーフ研究が伝統的／文脈

11　渋谷他（2018）など。

12　古別府（2013），山田（2014），内田他（2020）など。久保田（2021）も参照。

13　中山（2019），小山（2021）など。

的アプローチの両方から発信され，今後さらに広がっていくことを期待
したい。

参照文献

葦原恭子 (2015).「日本語学習者の聴解ストラテジーに関する言語学習ビリーフを
　　めぐる一考察」『琉球大学大学教育センター報』18, 101–111.

阿部新 (2014).「世界各地の日本語学習者の文法学習・語彙学習についてのビリー
　　フ：ノンネイティブ日本語教師・日本人大学生・日本人教師と比較して」『国
　　立国語研究所論集』8, 1–13.

入江恵 (2021).「セルフにみる学習者心理理解へのアプローチ：Individual
　　Difference からの脱却」青木直子・バーデルスキー，マシュー（編）『日本語
　　教育の新しい地図　専門知識を書き換える』(pp. 139–158). ひつじ書房.

内田陽子・坪根由香里・八田直美・小澤伊久美 (2020).「あるタイ人日本語教師の
　　ビリーフの形成：初任期から4年間の PAC 分析による縦断的調査から」『言
　　語教育研究』10, 1–11.

海野多枝・張美淑・秋山佳世・野村愛 (2004).「第二言語学習ビリーフ研究に向け
　　ての基礎調査」『言語情報学研究報告』5, 285–319.

王睿琪 (2015).「聴解ストラテジーに対する意識調査：台湾人日本語学習者を対象
　　に」『言語・地域文化研究』21, 87–110.

黄琴・唐艶花 (2014).「中国人日本語学習者の聴解学習ビリーフについての考察：
　　長沙学院日本語専攻の学生を中心に」『九州共立大学・九州女子大学・九州女
　　子短期大学 生涯学習研究センター紀要』19, 11–23.

大谷尚 (2019).『質的研究の考え方』名古屋大学出版会.

岡葉子 (2013).「日本語学習者の意識における日本語能力の変遷およびその要因：
　　長期日本定住者（ミャンマー人，ドイツ人）へのインタビュー調査から」『言
　　語・地域文化研究』19, 205–223.

片桐準二 (2015).「文脈アプローチによる言語学習ビリーフの形成・変容過程の質
　　的研究」名古屋大学大学院国際言語文化研究科日本言語文化専攻博士論文.

川島大輔 (2019).「ライフラインメソッド」サトウタツヤ・春日秀朗・神崎真実
　　（編）『ワードマップ 質的研究法マッピング 特徴をつかみ，活用するために』
　　(pp. 30–35). 新曜社.

崔高延 (2020).「エジプト人日本語学習者とエジプト人日本語教師のビリーフ：エ
　　ジプト・アインシャムス大学での調査から」『国際交流基金日本語教育紀要』
　　16, 29–40.

木下康仁 (2020).『定本 M-GTA：実践の理論化をめざす質的研究方法論』医学書院.

久保田美子 (2015).「第二言語習得とビリーフ」『中国日本語研究叢書　第三部』
　　(pp. 121–158). 中国中央教育出版.

久保田美子 (2021).「日本語教育におけるビリーフ研究の概観：2015 年以降の海外の学習者・教師を対象とした研究」『水谷信子記念日本語教育論集』3/4 合併号, 47–59.

小池真理 (2002).「質問紙の回答の不安定性を引き起こす要因：学習者ビリーフを調査する質問紙を使用して」『北海道大学留学生センター紀要』6, 37–52.

小林明子・福田倫子・向山陽子・鈴木伸子 (2018).『日本語教育に役立つ心理学入門』くろしお出版.

小林由子 (2015).「中国語母語話者の日本語学習観：質的分析によるケース・スタディの試み」『日本語教育方法研究会誌』22(1), 108–109.

小山多三代 (2021).「複線径路等至性モデリング (TEM) による日本語学習意欲の長期変容プロセスの分析：日本国内企業におけるバングラデシュ IT 人材を事例として」『日本語・日本学研究』11, 11–22.

近藤安月子・小森和子 (編) (2012).『研究社　日本語教育事典』研究社.

西條結人 (2020).「孤立環境における日本語学習者の言語学習ビリーフに関する研究：キルギスの大学で日本語を専攻する学生の事例から」『語文と教育』34, 78–91.

櫻井勇介 (2012).「母語話者教員と非母語話者教員に対する学習者の「よい教師」像：エジプト人日本語学習者の場合」『日本語・日本学研究』2, 17–32.

佐藤郁哉 (2008).『質的データ分析法　原理・方法・実践』新曜社.

サトウタツヤ (2019).「序章　質的研究法を理解する枠組みの提案」サトウタツヤ・春日秀朗・神崎真実 (編)『ワードマップ　質的研究法マッピング：特徴をつかみ，活用するために』(pp. 1–8). 新曜社.

真田聡美 (2019).「日本語学校に通うベトナム人学習者の日本語学習ビリーフ」『キルギス日本語教育研究』3, 25–39.

篠ヶ谷圭太 (2019).「3 章　学習における信念と動機づけ」上淵寿・大芦治 (編著)『新・動機づけ研究の最前線』(pp. 74–94). 北大路書房.

渋谷博子・伊達宏子・清水由貴子 (2018).「教師の協働を振り返る教師の語りとその分析：SCAT を用いて」『東京外国語大学留学生日本語教育センター論集』44, 65–82.

朱炫姝・金瑜眞 (2020).「日本語学習停滞者の言語学習ビリーフについて：日本語学習停滞者と上級者の比較を通じて」『日本語教育方法研究会誌』26(2), 52–53.

瀬古悦世・藤澤好恵 (2016).「ベトナム人日本語学習者の特性：神戸国際大学国際別科のビリーフ調査結果をもとに」『神戸国際大学紀要』90, 1–12.

徐ユリ (2020).「学習スタイルによるビリーフ研究：ブログを利用する韓国人日本語学習者を中心に」『日本語學研究』63, 57–75.

髙井隆介 (2015).「ドイツにおける大学生の日本語学習ビリーフ：BALLI による定量的調査の結果より」『Japanisch-als-Fremdsprache』4, 134–156.

髙崎三千代 (2014).「メキシコにおける日本語学習者の特性：ビリーフ調査結果を

中心に」『国際交流基金日本語教育紀要』10, 23-38.

滝井未来 (2014).「タイ人学習者ビリーフにおける学習意欲の変化のプロセス」『言語と文化』8, 1-18.

津田塾大学言語文化研究所 言語学習の個別性研究グループ（編）(2006).『第二言語学習と個別性：ことばを学ぶ一人ひとりを理解する』春風社.

ドルニェイ ゾルタン（著）八島智子・竹内理（監訳）(2006).『外国語教育学のための質問紙調査入門』松柏社.

内藤哲雄 (2002).『PAC 分析実施法入門［改訂版］：「個」を科学する新技法への招待』ナカニシヤ出版.

中川良雄 (2012).「タイの日本語学習者が考える「いい授業」：中国の日本語学習者との比較から」『京都外国語大学研究論叢』79, 209-219.

中川良雄・小西達也・岡林花波 (2021).「ベトナム人日本語学習者が考える「いい授業」」『無差』28, 1-12.

中山亜紀子 (2021).「コメンタリー　入江の「セルフにみる学習者心理理解へのアプローチ— Individual Difference からの脱却」を読んで」青木直子・バーデルスキー，マシュー（編）『日本語教育の新しい地図：専門知識を書き換える』(pp. 159-164). ひつじ書房.

中山裕子 (2019).「紛争前後におけるシリア人日本語学習者の動機づけ変容：複線径路・等至性アプローチを用いて」『一橋大学国際教育交流センター紀要』1, 41-54.

西島絵里子 (2020).「事前プランニングの効果を学習者はどう捉えたか：テキストマイニングによる学習者の意識の分析」『東京外国語大学国際日本学研究』プレ創刊号, 114-122.

日本語教育学会（編）(2005).『新版日本語教育事典』大修館書店.

野村康 (2017).『社会科学の考え方』名古屋大学出版会.

韓暁 (2014).「ビリーフの観点から見るシャドーイング訓練における日本語学習者の情意面の変容：中級学習者を対象とした縦断的調査に基づいて」『広島大学大学院教育学研究科紀要　第二部』63, 235-242.

樋口耕一 (2020).『社会調査のための計量テキスト分析 第 2 版』ナカニシヤ出版.

日高友郎 (2019).「オープンコーディング」サトウタツヤ・春日秀朗・神崎真実（編）『ワードマップ 質的研究法マッピング：特徴をつかみ，活用するために』(pp. 72-79). 新曜社.

ブシマキナ アナスタシア (2013a).「ロシアの高等教育機関における漢字教育の現状と問題点：ロシア人日本語教師を対象としたインタビュー調査を中心に」『人間社会環境研究』25, 55-65.

ブシマキナ アナスタシア (2013b).「ロシア人日本語学習者の漢字学習についてのビリーフ：ロシアの高等教育機関にて日本語を学んでいる学生に対するアンケート調査を元に」『人間社会環境研究』26, 205-218.

ブシマキナ アナスタシア (2013c).「JSL 日本語学習者の漢字学習に対する意識：

JSL 日本語学習者へのアンケート調査を通じて」『金沢大学留学生センター紀要』16, 45–61.

古別府ひづる (2013).「タイ高等教育機関におけるタイ人日本語教師の良き日本語教師観：PAC 分析と半構造化面接より」『大学日本語教員養成課程研究協議会論集』8, 25–31.

星 (佐々木) 摩美 (2016).「韓国中等教育日本語教師の実践とビリーフ：変化とその要因を中心に」『日本語教育』165, 89–104.

松本匡史 (2020a).「コスタリカ人日本語学習者はなぜ満足しているのか：言語学習ビリーフ調査結果を通して」『日本語／日本語教育研究』11, 199–214.

松本匡史 (2020b).「コスタリカ人日本語学習者の言語学習ビリーフの特徴」『さいたま言語研究』4, 1–13.

森まどか (2017).「カザフスタンの日本語学習者と教師の自律学習に関するビリーフ」『キルギス日本語教育研究』1, 17–36.

安田裕子・サトウタツヤ (編著) (2017).『TEM でひろがる社会実装：ライフの充実を支援する』誠心書房.

山田智久 (2014).「教師のビリーフの変化要因についての考察：二名の日本語教師への PAC 分析調査結果の比較から」『日本語教育』157, 32–46.

吉川景子 (2020).「ラオス中等教育学校における日本語学習者の言語学習ビリーフ：教科書開発と教師研修の改善に向けて」『教職課程研究』31, 75–91.

良永朋美 (2017).「複言語使用者の言語学習ビリーフと日本語学習に関する一考察：複言語を背景に持つ日本語学習者 3 名を事例として」『日本語教育方法研究会誌』24 (1), 108–109.

良永朋美 (2018).「複言語環境・複言語使用と日本語学習者のビリーフ」『日本語教育方法研究会誌』25 (1), 48–49.

盧錦姫 (2010).「日本語学習についての台湾の学習者のビリーフ：大学生のアンケート調査より」『靜宜語文論叢』4 (1), 51–79.

芦暁博 (2013).「中国人日本語学習者の聴解学習に関するビリーフ研究：中国の大学における日本語を主専攻とする大学生を対象に」宇都宮大学国際学研究科博士後期課程国際学研究専攻博士論文.

Alanen, R. (2003). A sociocultural approach to young language learners' beliefs about language learning. In P. Kalaja & A.M.F. Barcelos (Eds.), *Beliefs about SLA: New research approaches* (pp. 55–85). Springer Science+Business Media.

Aragão, R. (2011). Beliefs and emotions in foreign language learning. *System, 39*(3), 302–313.

Aro, M. (2016a). Authority versus experience: Dialogues on learner beliefs. In P. Kalaja, A.M.F. Barcelos, M. Aro & M. Ruohotie-Lyhty (Eds.), *Beliefs, agency and identity in foreign language learning and teaching* (pp. 27–46). Palgrave Macmillan.

Aro, M. (2016b). In action and inaction: English learners authoring their agency. In P. Kalaja, A.M.F. Barcelos, M. Aro & M. Ruohotie-Lyhty (Eds.), *Beliefs, agency and identity in foreign language learning and teaching* (pp. 47–65). Palgrave Macmillan.

Barcelos, A.M.F. (2003a). Researching beliefs about SLA: A critical review. In P. Kalaja & A.M.F. Barcelos (Eds.), *Beliefs about SLA: New research approaches* (pp. 7–33). Springer Science+Business Media.

Barcelos, A.M.F. (2003b). Teachers' and students' beliefs within a Deweyean framework: Conflict and influence. In P. Kalaja & A.M.F. Barcelos (Eds.), *Beliefs about SLA: New research approaches* (pp. 171–199). Springer Science+Business Media.

Barcelos, A.M.F. & Kalaja, P. (2011). Introduction to Beliefs about SLA revisited. *System, 39* (3), 281–289.

Bernat, E. (2009). *The psychology of the language learner: A focus on beliefs and personality*. Verlag Dr. Mueller.

Dewaele, J.-M. (2010). *Emotions in multiple languages*. Palgrave Macmillan.

Dufva, H. (2003). Beliefs in dialogue: A Bakhtinian view. In P. Kalaja & A.M.F. Barcelos (Eds.), *Beliefs about SLA: New research approaches* (pp. 131–151). Springer Science+Business Media.

Dweck, C.S. (2006). *Mindset: The new psychology of success*. Random House.

Dörnyei, Z. & Ryan, S. (2015). *The psychology of the language learner revisited*. Routledge.

Horwitz, E.K. (1985). Using student beliefs about language learning and teaching in the foreign language methods course. *Foreign Language Annals, 18* (4), 333–340.

Horwitz, E.K. (1987). Surveying student beliefs about language learning. In A. Wenden & J. Rubin (Eds.), *Learner strategies in language learning* (pp. 119–129). Prentice Hall.

Horwitz, E.K. (1988). The beliefs about language learning of beginning university foreign language students. *Modern Language Journal, 72* (3), 283–294.

Horwitz, E.K. (1999). Cultural and situational influence on foreign language learners' beliefs about language learning: A review of BALLI studies. *System, 27* (4), 557–576.

Kalaja, P. (1995). Student beliefs (or metacognitive knowledge) reconsidered. *International Journal of Applied Linguistics, 5* (2), 191–204.

Kalaja, P. (2003). Research on students' beliefs about SLA within a discursive approach. In P. Kalaja & A.M.F. Barcelos (Eds.), *Beliefs about SLA: New research approaches* (pp. 87–104). Springer Science+Business Media.

Kalaja, P. (2016). Student teachers' beliefs about L1 and L2 discursively constructed:

A longitudinal study of interpretative repertoires. In P. Kalaja, A.M.F. Barcelos, M. Aro & M. Ruohotie-Lyhty (Eds.), *Beliefs, agency and identity in foreign language learning and teaching* (pp. 97–123). Palgrave Macmillan.

Kalaja, P. & Barcelos, A.M.F. (Eds.). (2003). *Beliefs about SLA: New research approaches* (pp. 87–104). Springer Science+Business Media.

Kalaja, P. & Barcelos, A.M.F. (2019). Learner beliefs in second language learning. In A, Carol & A. Chapelle (Eds.), *The encyclopedia of applied linguistics*. John Wiley & Sons. https://doi.org/10.1002/9781405198431.wbeal0082.pub2

Kalaja, P., Barcelos, A.M.F., & Aro, M. (2018). Revisiting research on L2 learner beliefs: Looking back and looking forward. In P. Garret & J.M. Cots (Eds.), *The Routledge handbook of language awareness* (pp. 222–237). Routledge.

Kalaja, P., Barcelos, A.M.F., Aro, M. & Ruohotie-Lyhty, M. (Eds.). (2016). *Beliefs, agency and identity in foreign language learning and teaching*. Palgrave Macmillan.

Larsen-Freeman, D. & Cameron, L. (2008). *Complex systems and applied linguistics*. Oxford University Press.

Lou, N.M. & Noels, K.A. (2019). Promoting growth in foreign and second language education: A research agenda for mindsets in language learning and teaching. *System, 86*, https://doi.org/10.1016/j.system.2019.102126

Mercer, S. (2012). Self-concept: Situating the self. In S. Mercer, S. Ryan & M. Williams (Eds.), *Psychology for language learning: Insights from research, theory and practice* (pp. 26–41). Palgrave Macmillan.

Pavlenko, A. (2005). *Emotions and multilingualism*. Cambridge University Press.

Rubin, J. (1975). What the 'good language learner' can teach us. *TESOL Quarterly, 9*(1), 41–51.

Ryan, S. & Mercer, S. (2012). Implicit theories: Language learning mindsets. In S. Mercer, S. Ryan & M. Williams (Eds.), *Psychology for language learning: Insights from research, theory and practice* (pp. 74–89). Palgrave Macmillan.

van Lier, L. (2004). *The ecology and semiotics of language learning: A sociocultural perspective*. Kluwer.

Wenden, A.L. (1986). What do second-language learners know about their language learning? A second look at retrospective accounts. *Applied Linguistics, 7*(2), 186–205.

Wenden, A.L. (1987). How to be a successful language learner: Insights and prescriptions from L2 learners. In A. Wenden & J. Rubin (Eds.), *Learner strategies in language learning.* (pp. 103–117). Prentice Hall.

Wenden, A.L. & Rubin, J. (Eds.). (1987). *Learner strategies in language learning*. Prentice Hall.

第 5 章

第二言語不安

1. はじめに

　一般的に，私たちが第二言語を学ぶ際には様々な感情（emotion）を経験する。ポジティブな感情としては興味や楽しさなどがあり，それとは逆に退屈や不安といったネガティブなものもある。感情が第二言語習得・学習に影響することは，古くから教師や研究者の間で認識されており，情意フィルター仮説（affective filter hypothesis）を理論的基盤の 1つとするナチュラル・アプローチ（Krashen & Terrell, 1983）をはじめ，学習者の感情に配慮した教授法は 1970 年代後半より開発されてきた[1]。さらに近年，学習者や教師の感情に着目した研究は数多く行われるようになっており，海外学術誌において特集号[2]が組まれる，関連書籍（Agudo, 2018; Gabryś-Barker & Bielska, 2013; MacIntyre et al., 2016）が刊行される等の動きが見られる。

　MacIntyre（2017）によれば，第二言語学習に関わる感情のなかで最も広く研究されてきたのは，第二言語不安（second language anxiety）

---

[1]　学習者の感情面に配慮した教授法としてはその他に，サイレント・ウェイ，コミュニティ・ランゲージ・ラーニング，サジェストペディア等がある。

[2]　例えば 2018 年発刊の *Studies in Second Language Learning and Teaching*, 8(1) において Emotions in second language acquisition という特集が組まれている。

であるという。第二言語不安の研究は1970年代から始まり，当初は心理学における不安の概念と未分化のまま研究が進められていたが，その後，第二言語学習に特化した不安の定義が定まるとともに数多くの研究が行われるようになった。近年では，第二言語不安の変動とその影響要因を解明することを目的として，関連する心理要因や学習・教育環境の影響を含めた包括的な研究が行われるようになっている。

　本章ではまず，第二言語不安とはどのようなものかという定義，構成概念について説明する。次に，第二言語不安が言語習得・学習に与える影響，および第二言語不安を喚起する要因についてまとめる。さらに，第二言語不安の変化と影響要因を探った研究について述べる。最後に，新たな研究アプローチを紹介したうえで，今後の研究・教育上の課題についてまとめる。なお，日本語教育の分野における研究数はあまり多くないため，第二言語教育分野全体の動向を概観しつつ，日本語不安に関する研究についても検討することとする。

2.　第二言語不安研究の概観
2.1　第二言語不安の定義

　第二言語不安に関する研究が始まったのは1970年代であり，Scovel (1978) では，その時期に行われた研究に関する文献レビューがまとめられている。それによれば，初期の研究の結果は「複雑で混乱」(Scovel, 1978, p. 132) しており，第二言語不安の構成要素が不明確で，第二言語学習と第二言語不安の関連を明確にすることができていなかったという。

　これに対して，1980年代以降に行われたHorwitz et al. (1986)，MacIntyre & Gardner (1991, 1994) 等の研究では，第二言語不安を第二言語学習という特定の場面に結びついたものであると定義し，研究を進めている。MacIntyre & Gardner (1991) は，第二言語不安の位置づけを明確にするため，人が持つ不安を大きく (1) 特性不安 (trait anxiety)，(2) 状態不安 (state anxiety)，(3) 状況特定的不安 (situation specific anxiety) の 3 つに分類している。特性不安とは，心配性や神経質など状況にかかわらず不安になりやすい個人の性格傾向を表す。状態不安とは，例えば大学受験の前など，ある時点での不安を指す。状況特定的不安とは，人前で話す，計算をするなど，特定の文脈や状況，場面において常に生じる不安をいう。このなかで第二言語不安は，第二言語を学習，使用する場面において生起する「状況特定的不安」とされる。第二言語不安の定義はいくつかあるが，本稿では日本語不安の研究を行った元田 (2005) をもとに「第二言語の学習や使用，習得に特定的に関わる不安や心配と，それによって引き起こされる緊張や焦り」(元田，2005, p. 8) と定義する。

2.2　第二言語不安の構成概念

　1980 年代以降，第二言語不安の定義が定まるとともに，第二言語不安とはどのようなものかという構成要素を探る研究が始まった。第二言語不安を測定するための質問紙も開発され，実証的な調査も盛んとなっていった。

　Horwitz et al. (1986) では 1970 年代の研究の課題として (1) 第二言語不安の定義が不十分であること，(2) 第二言語不安と第二言語学習の関係に着目していないこと，(3) 一部の研究を除いて第二言語学習に特化した調査尺度を用いていないことを挙げている。そして，大学の Learning Skills Center における臨床的報告や先行研究の結果をもとに，外国語教室における第二言語不安を測定する尺度として FLCAS (Foreign Language Classroom Anxiety Scale) を開発した。また，第二言語不安の主要な構成概念として (1) コミュニケーション不安 (communication apprehension)，(2) テスト不安 (test anxiety)，(3) 否定的な評価に対する不安 (fear of negative evaluation) を提示している。コミュニケーション不安は，教室における対人的な活動に関連しており，人前で話すこと等に対する恐怖を指す。テスト不安とは，試験で失敗するのではないかという心配のことである。否定的な評価に対する

不安とは，他者から評価されること自体に対する不安や低い評価を受けるかもしれないという懸念のことである。

　Horwitz et al. (1986) により開発された FLCAS は，その後の研究に広く用いられており，日本語を含む様々な言語を対象とした調査が行われている。例えば Aida (1994) では，それまでの研究のほとんどが英語，フランス語など欧米の言語を対象としたものであったことを指摘し，アメリカの大学で学ぶ日本語学習者を対象に FLCAS を用いた質問紙調査を実施している。その結果，Horwitz et al. (1986) により提示された「コミュニケーション不安」「否定的な評価に対する不安」に相当するものとして「発話不安と否定的評価への恐れ」が示された。その一方，「テスト不安」は見られなかったことから，テスト不安は言語学習に特有のものではなく，一般的な不安なのではないかと指摘している。Horwitz et al. (1986) や Aida (1994) の調査からは，第二言語不安が主として自己表現を伴う活動や他者からの評価といった対人場面において生起することが示唆されている。

　Aida (1994) の他に日本語不安を対象とした研究としては，元田 (2005)，Fukai (2000)，Kitano (2001) 等がある。元田 (2005) では，日本語学習者が目標言語使用環境で感じる不安に着目し，日本国内の大学で学ぶ留学生を対象とした調査を行っている。その結果，学習者が教室内で感じる日本語不安は，(1) 発話活動における緊張，(2) 理解の不確かさに対する不安，(3) 低い日本語能力に対する心配，から構成されていることがわかった。一方，教室外で感じる不安は (1) 日本人との意思疎通に対する不安，(2) 低い日本語能力に対する心配，(3) 特定場面における緊張，により構成されていることが示された。このように教室内外において聴解に対する不安が見られたことから，目標言語使用環境では，教師はまず聴解不安に着目し，それを軽減する必要があると指摘している。さらに，教室内よりも教室外で不安を感じる学習者が多かったことから，日本語母語話者をゲストとして授業に招くなど，実生活 (教室外) で起こることを授業 (教室内) で経験させることで第二言語不安

を軽減することを提案している。

　上述のような日本語学習全体に対する不安を調査した研究とともに，リーディング (Saito et al., 1999)，ライティング (田, 2019)，発音 (小河原, 2001)，スピーキングテスト (Machida, 2001) といった特定のスキルや場面において起こる日本語不安に着目した研究も行われている。例えば Saito et al. (1999) では，アメリカの大学で日本語，フランス語，ロシア語の各言語を学ぶ学習者を対象として，目標言語学習に対する全体的不安とリーディングという特定のスキルに対する不安の 2 つを調査している。まず FLCAS (Horwitz et al., 1986) を用いて全体的な不安を調査した結果，学習者が抱く不安には目標言語による違いは見られなかった。次に，FLRAS (Foreign Language Reading Anxiety Scale) という質問紙を用いてリーディングに対する不安を調査した。FLRAS には，目標言語で読む際に内容理解，語彙・文法の理解に不安を覚えるか，他の言語スキルと比較してリーディングに難しさを感じるか等を問う項目が含まれていた。結果として，他の言語の学習者と比較して日本語学習者は，リーディングに対する不安が高いことが示された。この結果について Saito et al. (1999) は，アメリカの大学生にとっては，フランス語，ロシア語等の印欧語と比較して日本語の表記が複雑に感じられるためではないかと推測している。

2.3　第二言語不安が第二言語習得・学習に与える影響

　第二言語不安の定義や構成概念に関する研究が進められる一方で，第二言語不安が第二言語習得・学習に与える影響についても幅広い観点から調査が行われてきた。これまでの研究から，第二言語不安は学習の (1) 学術的側面，(2) 認知的側面，(3) 社会的側面に影響を与えると指摘されている (MacIntyre, 2017)。

　まず (1) 学術的側面としては，第二言語能力への自己評価の低下，低い成績，過剰な学習等が挙げられる。MacIntyre et al. (1997) では，第二言語不安が高い学習者は自己の言語能力を低く評価する傾向があると

報告している。また目標言語における到達度との関連については過去に数多くの研究がなされており，Teimouri et al. (2019)，Zhang (2019)では，それらの研究成果を統合するためにメタ分析[3]を行った。結果として両研究とも第二言語不安が目標言語の到達度と負の相関を持つことを示している。ただし，これはあくまでも相関を示したものであり因果関係を示すものではない。MacIntyre (2017) では，第二言語不安は目標言語の到達度の原因でもあり結果でもあるという相互作用的な立場を取っている。

　次に，(2) 認知的側面については，第二言語不安は第二言語習得のすべての段階（入力，処理，出力）で情報処理を妨げる働きをすることが指摘されている（Bailey et al., 2000; MacIntyre & Gardner, 1994）。最初に，第二言語を聞いたり読んだりする入力（インプット）の段階においては，第二言語不安が高まると，注意力が低下し，語彙，表現，文法などの情報を取り入れることが難しくなるという。この点については，Krashen (1982) による情意フィルター仮説においても同様の指摘が見られる。情意フィルターとは，言語入力を妨げてしまう心理的障壁のことで，第二言語不安が増すと情意フィルターが高くなるため，言語入力の妨げになるという。そして，情報を処理する段階で第二言語不安が高まると，理解力が下がり，情報処理のスピードが低下する（Dulay & Burt, 1977; Krashen, 1982）。さらに，書いたり話したりする出力（アウトプット）の段階では，これまでに記憶した情報を検索することを妨げ，言語運用に影響を与える。このように，第二言語不安は言語習得の認知的プロセスにおいて広範囲に影響を与えていることが示されている。

　最後に (3) 社会的側面としては，第二言語不安が高い学習者はそうでない学習者と比較して，目標言語の使用頻度が低いことが指摘されてい

3　山田・井上 (2012, p. 1) では，メタ分析について「同一のテーマについて行われた複数の研究結果を統計的な方法を用いて統合すること，すなわち，統計的なレビューのことである」と述べている。

る。第二言語を習得するためには，実際に目標言語を使うことが必要と
なる。しかし第二言語不安が高い学習者は，第二言語のコミュニケー
ション意欲(willingness to communicate)[4]が低く，教室活動や教室外で
の目標言語話者との対話に積極的に参加しようとしないことが報告され
ている（Yashima, 2002; Yashima et al., 2004）。

　以上のように第二言語不安は，多様な側面で学習・習得に影響を及ぼ
している。なお，第二言語不安は学習に対して妨害的に働くのみでな
く，促進的な役割も果たすとする研究（Alpert & Haber, 1960）もある。
しかし MacIntyre（2017）では，そのような研究では言語学習に特化し
た調査尺度を用いていない等の課題があると述べ，第二言語不安の促進
的な効果を疑問視している。また特に教育的・倫理的観点から，教師は
学習者の第二言語不安を高めるべきではないとする立場（Horwitz,
2017）も見られる。

2.4　第二言語不安を喚起する要因

　第二言語不安を引き起こす要因については，これまでの研究で数多く
指摘されてきた。例えば学習者個人から生じる要因としては，神経症的
な性格（Dewaele, 2013），完璧主義であること（Gregersen & Horwitz,
2002）等がある。Gregersen & Horwitz（2002）では，第二言語不安が
高い学習者とそうでない学習者を対象にインタビュー調査を実施してい
る。その結果，第二言語不安が高い学習者は，完璧主義の傾向（自己評
価の基準が高い，評価への恐怖心や間違いへの懸念を抱いている等）が
あることが示された。

　また，教師の授業の進め方，誤りの訂正，評価方法，教室雰囲気など
教室特有の要因も第二言語不安に影響を与えている。例えば，学習者は
教師から誤りを訂正してもらうことが必要だと感じている一方，他の学

4　第二言語のコミュニケーション意欲とは，「あるタイミングで，特定の相手とのやり
とりに第二言語を用いて参入しようとする心の準備状態」(MacIntyre et al., 1998, p. 547;
八島, 2019, p. 116 訳）を指す。

習者の前で間違ったり，低く評価されたりすることに脅威を感じており，誤りの訂正を，いつ，どのくらいの頻度で，どのように行うかが第二言語不安に影響を与えるという（Young, 1991）。さらに，教室における他の学習者との人間関係の影響も指摘されており，協力的な人間関係や肯定的な教室雰囲気によって第二言語不安が緩和されることが示されている（Jin & Dewaele, 2018）。

　その他にも教室の外では，目標言語話者，集団との社会的な関係により不安が引き起こされることが明らかとなっている。Sevinç & Dewaele (2018) では，オランダのトルコ系移民三世代を対象に，継承語（トルコ語）と多数派言語（オランダ語）それぞれに対する不安を調査している。結果として，両不安の程度は世代や話す相手（家族，友人，母語話者）によって違いが見られた。例えば，第一・第二世代の移民はオランダ語母語話者と多数派言語（オランダ語）で話す際に不安を感じることが多かった。一方で第三世代の移民はたとえ相手が家族であっても，継承語で話すことに不安を覚えていた。Sevinç & Dewaele (2018) は，移民の文脈における不安を検討する際には，言語背景（習得年齢，目標言語使用頻度等）だけではなく，社会的，文化的背景を考慮しなければならないと述べている。

　以上の研究から，第二言語不安には，性格など学習者の個人的要因，教師，他の学習者，授業方法などの教室特有の要因，そして目標言語話者，集団との社会的，文化的関係が複雑に関わっていることがわかる。

2.5　第二言語不安の変化のプロセス

　従来，第二言語不安や動機づけ（motivation）のような学習者の個人差は，静的，固定的な要因として捉えられ，研究されてきた。しかし，上述したように第二言語不安は数多くの要因や状況から影響を受けて生起し，時間の経過とともに常に揺れ動くものである。これに関連して，近年，言語発達や習得の個人差を可変的，動的な観点から捉える複雑系のアプローチによる研究が見られるようになっている（馬場・新多，

2016; 廣森, 2014; 八島, 2019; Dörnyei et al., 2014; Larsen-Freeman & Cameron, 2008)。これまで応用言語学の分野において取り入れられてきた複雑系に関連する理論としては, Complexity theory, Dynamic systems theory 等があるが, de Bot (2017) は, これらを総称して CDST (Complex Dynamic Systems Theory) と呼ぶことを提案している。CDST に基づく研究では, 第二言語不安の変化を時系列に沿って記述し, 変化の様相やそれが起きた時期を分析するとともに, 変化を起こした要因や条件等を明らかにしようとする。CDST について簡潔に説明することは難しいが, ここではその特徴的な考え方として CDST における変化の捉え方について述べる。

　第二言語教育の分野ではこれまでも, 第二言語不安の変化を調査した研究は行われており, 例えば, ある指導法を用いたコース前後に第二言語不安がどのように変化したかを探る研究が見られる。このような研究では, コース実施前後に質問紙調査等を実施し, 集団全体の平均値の変化を分析する場合が多い。この場合, 2時点 (コース実施前と後) の値を比較するため, 「コース実施前と比べて後のほうが第二言語不安が低くなった」というように, 変化を定点的に捉える傾向がある。しかし, 第二言語不安の変化をより多くの時点で調査し (例えばコース実施前, 途中, 後), 連続的な視点で見てみれば, コースのなかで第二言語不安が下降していく時期もあれば, 上昇に転じる時期もあり, 複雑な変化の軌跡を描いていることがわかる。さらに個々の学習者 (あるいは特定のグループ) を詳細に見てみると, コースのなかで徐々に第二言語不安の値が下降していく者もいれば, 変化が見られない者, 値が上昇したり下降したりする者など, 様々な変化を示す学習者が存在する。従来の手法では主に「変化が見られたかどうか」という結果に着目しているが, CDST では「いつ, どのように変化したか」というプロセスを見ていく点に特徴があり, 変化の軌跡やその多様性に着目した分析が行われる。

　さらに CDST では, 変化は単一の原因によって起こるのではなく,

複数の要因間の相互作用のなかで起こると考える。例えば第二言語不安
の変化には，学習者内部の心理的要因のみが影響を与えるのではなく，
学習者を取り巻く環境（教師，他の学習者，授業の進め方等）も影響を
及ぼし，その環境との関係性が変わることによっても新たな変化が起こ
る。CDST のアプローチに基づいた研究では，第二言語不安の複雑な
変化の様相について学習者を取り巻く環境も含めて，詳細に分析する。

　上記のような考え方に基づいているため，CDST に基づく研究のデザ
インは縦断的で質的方法を採用したものが多い。van Dijk et al. (2011)
では，第二言語習得研究の分野で CDST に基づいた調査を行う際には，
(1) データが複数回にわたって収集されていること，(2) データが縦断
的に収集されていること，(3) 集団全体の平均ではなく，個々の変化に
着目した分析が行われていることが重要であると述べている。ただし，
近年では，新たな統計分析の手法や混合研究法を採用した研究も見られ
るようになっており，Hiver & Al-Hoorie (2019)，MacIntyre et al. (2017)
では，CDST を応用言語学に援用する際の研究法をまとめている。

　例えば CDST の考え方に基づいた研究法の1つとして，idiodynamic
method という手法が挙げられる。この手法では，まず調査対象となる
授業活動を録画する。次に，調査協力者に録画映像を見せながら，特定
の変数（例えば第二言語不安）の変化について，活動の時系列に沿って
自己評価するように求める。その後，インタビューを実施し，変化の理
由を説明してもらう（MacIntyre & Legatto, 2011）。

　Gregersen et al. (2014) では idiodynamic method を用いてアメリカ
の大学のスペイン語学習者が抱く不安を調査している。調査ではまず，
FLCAS (Horwitz et al., 1986) を用いて第二言語不安の全体的傾向を把
握し，第二言語不安が高い学習者と低い学習者に分けた。次に，学習者
に心臓モニターを装着してもらい，クラスで発表する際の心拍数を計測
した。同時に idiodynamic method により，学習者が発表中に感じた第
二言語不安の変化とその理由を調査した。心拍数の変化，自己評価の結
果から，もともと第二言語不安の高い学習者は，そうでない学習者と比

較して，発表のなかでも高い不安感を抱いており，不安を感じる時間も長いことが示された。またインタビューからは，高い第二言語不安を持つ学習者は，発表内容を暗記する傾向があり，発表中，語彙を忘れた際に不安が高まりやすいことがわかった。一方，第二言語不安が低い学習者については，ことばを忘れるという問題を軽減するためのストラテジー（暗記するのではなく，事前に概要のみ考えておき，それを即興で話す）を用いていることが示された。Gregersen et al. (2014) は，CDST のアプローチを採用し，教室で見られるミクロな第二言語不安を明らかにすることによって，よりマクロなレベルでの指導法を改善することができると述べている。またその例として，特定の語彙を思い出すことができないことで起きる不安を回避するために，即興的に話す練習を取り入れることを提案している。

　CDST による研究では縦断調査が採用される場合が多いと述べたが，調査期間については，上述した Gregersen et al. (2014) のように授業中の短い時間を対象とした調査から，数か月に渡る調査 (Pinel & Csizer, 2014; Yashima, 2020) まで，異なるタイムスパンを対象とした研究が見られる。例えば Pinel & Csizer (2014) では，ハンガリーの大学で英語を専攻する学習者を対象に，14 週間のアカデミック・ライティングのコースにおいて，動機づけ，ライティング不安，自己効力感がどう変化するかを考察している。まず，全体的な変化を分析するために，14 週間のなかで 6 回の質問紙調査を行い，潜在成長モデル[5]という統計手法を用いて各時点での値の変化を分析した。さらにクラスター分析を用いて，学習者をグループ分けし，異なる心理的特徴を持つグループが 6 回の調査時点でどう変化したかを分析した。結果として，学習者群の変化の軌跡には複数のパターンが見出され，動機づけ，ライティング不安，自己効力感の変化の在り方は一様ではないことが示された。さらに，授業後に学習者が提出したレポートを分析したところ，変化のパターンに

5　潜在成長モデルは構造方程式モデリングの 1 つであり，時間に伴って現象が変化する様子を検証することができる統計手法である (竹内・水本, 2014)。

応じてライティングに対する態度や考え方にも違いが見られた。

　またYashima (2020) では，日本人英語学習者に対する12週間の教育的介入（毎回の授業で学生主導の自由なディスカッションの時間を設ける）を行い，コミュニケーション意欲，行動の変化と影響要因を量的・質的に調査している。質問紙，授業録画，観察，インタビュー等を組み合わせた調査が実施され，分析ではクラス全体と個々人の変化，両者の相互作用が考察された。結果として，授業開始当初，ディスカッションに消極的な理由として最も多く挙げられたのは第二言語不安であった。しかし，12回の授業を通した全体的な推移を分析した結果，授業が進むにつれて第二言語不安が下降していることが示された。またインタビューでは，他の学習者たちが活発に話しているとクラスの雰囲気が和らぎ，自分もディスカッションに参加しやすくなるというコメントが見られた。Yashima (2020) は，集団の変化が個人の変化につながり，またその個々の心理状態の変化が新たなコミュニケーションのコンテクストを形作るという意味で，個人と集団の心理は相互に影響し合っていると述べている。さらに教育的介入の結果のみに着目するのではなく，CDSTのアプローチを取り入れて行動変容のプロセスとその背景心理を明らかにすることで，より多くの教育的示唆を得ることができると指摘している。

　これまで日本語教育の分野でも，日本語不安の変化とその影響要因を探る研究はいくつか行われている（倉八, 1996; 柴田, 2018; 田, 2019; 戸坂他, 2016）。例えば柴田 (2018) では，留学生が日本人とともに演劇作品を創作し，上演するなかで，日本語不安がどのように変化したのかをインタビューにより調査した。分析では，変化の過程やその影響要因を捉えることができる手法として，複線径路等至性モデリング[6]を用いており，あがり症だった留学生たちが，演劇に対して恥ずかしがっていることがおかしいなど認識を変え，劇をやりきることによって日本語不安を

6　複線径路等至性モデリングについて，詳細は安田他 (2015) 参照。

克服し，より積極的な自己を確立していくプロセスが詳細に描かれている。しかし，未だ日本語不安を縦断的かつ詳細に探った研究自体が少なく，今後，特定の授業活動を通した第二言語不安の変化の過程を詳細に探る研究が増えていくことで，より具体的な教育的介入を検討することが可能になると考えられる。

3.　今後の展望

3.1　学習者の多様な感情を対象とする研究

　最後に，第二言語不安研究の分野における新たな研究アプローチ，および今後の研究，教育における課題について述べる。

　これまで第二言語教育の分野において最も広く研究されてきた感情は第二言語不安である（MacIntyre, 2017）が，近年，楽しさ（enjoyment）や退屈（boredom）（Pawlak et al., 2020）といった，その他の感情も研究対象として取り上げられるようになっている。特に，ポジティブ心理学（positive psychology）の立場から，第二言語不安のようなネガティブな感情だけではなく，ポジティブな感情も含めて，第二言語学習に関わる感情を包括的に理解すべきという主張が見られる（MacIntyre et al., 2016）。

　例えば Dewaele & MacIntyre (2014) は，言語学習におけるポジティブな感情とネガティブな感情の効果を比較するために，Foreign Language Enjoyment Scale を開発し，FLCAS (Horwitz et al., 1986) の縮小版とともに調査に用いている。開発した質問紙を用いてヨーロッパ，アジア，北米等，多様な地域の出身者を対象に，オンラインの質問紙調査を実施した。第二言語 (英語，フランス語等) 学習における不安と楽しさについて聞いたところ，全体的には楽しさのほうが第二言語不安よりも高い得点を示したが，地域による違いが見られた。アジア地域（主に中国）の学習者は，他地域と比較して，第二言語不安の値が高く楽しさの値は低いことが示された。また両要因には負の相関が見られ，楽しさの値が高い学習者は第二言語不安の値が低い傾向にあった。ただ

し，相関の程度が弱いことから，2つの感情は必ずしも連動するわけで
はないことも指摘されている。つまり基本的には，楽しさを感じるほど
不安の程度は低くなるといえるが，人によっては活動を楽しみながらも
不安を抱えていたり，不安も楽しさも感じない無関心な状態に陥ってい
たりする場合があるということである。Boudreau et al. (2018) は，第
二言語学習に取り組む際に2つの感情がいつ，どのように現れ，相互
にどのように関係するのかを，その原因も含めて質的に探ることが重要
であると述べている。

　また Dewaele et al. (2019) では，スペインの英語学習者を対象に質
問紙調査を実施し，学習者の感情と教師要因（年齢，教師の厳しさ，親
しみやすさ，教室における目標言語使用，目標言語の発音におけるなま
りの有無）の関連を調査している。結果として，教師が親しみやすく，
目標言語の発音になまりがないと感じている学習者は，楽しさをより強
く感じていることが示された。一方，教師が厳格で年齢が高く，目標言
語使用頻度が低いと感じている学習者は，第二言語不安が高いことが示
された。ただし教師要因は，第二言語不安よりも楽しさとより強く関連
していることも示された。そのため Dewaele et al. (2019) は，教師は
学習者のネガティブな感情ばかりに気を配るのではなく，楽しさなどの
ポジティブな感情を高めることに注力するべきだと述べている。

　これまで日本語教育の分野でも，日本語不安と関連する要因について
の調査が行われており，動機づけ，自尊感情を高めることが不安の軽減
につながる可能性が示唆されている（王, 2013; 元田, 2005）。しかし，日
本語学習者の感情面に着目した研究自体が多いとはいえず，今後は楽し
さ等，学習者が抱く感情の多様な側面を研究対象とすることで，新たな
観点から第二言語不安を軽減するアプローチを探っていくことが必要と
いえる。

3.2　第二言語不安に対する教師の対処を探る研究

　初期の第二言語不安研究を牽引した Horwitz らは，第二言語不安を

抱えた学習者に対処する方法として2つの選択肢があると述べている。すなわち，(1) 学習者が第二言語不安に対処できるように手伝うこと，(2) 学習環境をストレスの少ないものにすることである (Horwitz et al., 1986, p. 131)。これらは，(1) 個々の学習者に対する働きかけと (2) 学習者集団全体に対する働きかけ，という2方向からの教育的介入の可能性を示したものともいえる。

　しかし，個人への働きかけにしろ，集団への働きかけにしろ，教師はまず学習者の感情の状態を知る必要がある。そのための1つの方法としては，FLCAS (Horwitz et al., 1986) のような質問紙を用いることが考えられる。しかし，このような方法では，授業開始当初の状態を知ることはできても，授業 (またはコース) を進めるなかで変化していく心理状態を把握するためには十分ではない。この問題に関して Gregersen (2005, 2007) では，教室における観察の重要性を指摘している。

　Gregersen (2005) では，教室観察を行い，第二言語不安が高い学習者とそうでない学習者では表情，目の動き，姿勢，体の動きに違いがあることを明らかにした。高い第二言語不安を抱く学習者は，笑顔や教師とのアイコンタクトが少なく，姿勢が硬直しているという。また第二言語不安が低い学習者は発話の際にジェスチャーを使ってコミュニケーションを円滑にしようとしていたが，第二言語不安が高い学習者は，手で自分を触ったり，物を操作したりする傾向が見られた。

　これに関連して Gregersen (2007) は，現職教師と教員養成課程の学生を対象に，(1) 映像を見て第二言語不安が高い学習者を特定することができるかどうか，(2) 観察のポイント (不安が高い学習者が取る傾向がある行動のリスト) を提示することによって，学習者の第二言語不安の状態の把握が容易になるかどうかを調べている。調査協力者は，フランス語初級学習者がスピーキングテストを受けている映像 (音声なし) を見ながら第二言語不安の状態を評価した。1回目は，調査協力者がそれぞれ独自の観点から判定した。2回目は，調査者が観察のポイント (体の傾き，ジェスチャー，うなずき等) をリストとして示し，それを

もとに判断した。結果として，教師と学生の間の判定に違いは見られな
かったが，両者ともにリストの提示によって学習者の心理状態を特定す
ることが容易になることが示された。Gregersen (2007) は，学習者の
感情的なサインを読み取ることができる教師は，教室内の雰囲気の変化
に対処することができると述べ，教員養成課程のなかにノンバーバルな
感情表現を観察するトレーニングを取り入れることを提案している。

　ただし，学習者が感情を表情やジェスチャーで示すかどうかについて
は文化差があり，それほど明確に感情を表に出さない学習者もいる
(Gregersen, 2005)。そのため，表情やジェスチャー以外にも複数の手
がかりを参考とする必要があるが，その1つとして Maher & King
(2020) では，授業中の学習者の沈黙 (silence) に着目している。Maher
& King (2020) によれば，沈黙とは，何も反応しないことのみを指すの
ではなく，例えば以下のような反応も沈黙の多様な形態のなかに含まれ
るという。すなわち，(1) 短い応答 (3分間，目標言語で話すことを期
待されているにもかかわらず，1分間しか話さず，残りの時間は何もし
ない等)，(2) 第一言語 (L1) の使用 (目標言語による会話練習の時間に
L1 のみで話す等)，(3) 長く話さない状態 (会話に参加しない等)，であ
る [7]。Maher & King(2020)では，日本の大学の英語クラスを対象に観察
を行い，上述の3つの形態の沈黙があることを示した。また，インタ
ビューからは，他の学習者から否定的な評価を受けるのではないか等の
第二言語不安を抱えた学習者が沈黙という状態を選択していることが示
唆された。

　上記の研究からは，学習者が心のなかで感じている不安がノンバーバ
ルな表現や沈黙として表に現れることがわかる。また，教師が観察のポ
イントを認識することによって，学習者の感情を把握し，対策を模索で
きる可能性が高まるといえる。日本語教員養成課程において，第二言語
不安のような感情に対する対処がどのように扱われているか明らかでは

7　沈黙には，学習者がこれから話す内容を黙って考えている等，肯定的な意味のもの
もある (Maher & King, 2020)。

ないが，教室で学習者が発している感情のサインに，より敏感になることの重要性が示唆される。

3.3　第二言語不安と学習・教育環境の関連を探る研究

　もともと第二言語不安に関する研究は，コミュニカティブ・アプローチに基づいた指導法が広まるとともに盛んになってきた。聞く，話すという対人活動への積極的な参加を促進するため，教師には学習者の感情の動きにそれまで以上に配慮する必要が生じたためである（八島, 2019）。また，コミュニカティブ・アプローチを発展させたものとして，Content-Based Instruction (CBI) や Content and Language Integrated Learning (CLIL) 等のコンテントベースの指導法も導入されている。これらの指導法に共通しているのは，第二言語のコミュニケーション能力を伸ばすために，「内容」と「言語」を同時に学習することである。八島 (2019) では，CBI や CLIL について，(1) 目標言語で伝える内容を持つこと，(2) それを伝えたいという気持ち（第二言語のコミュニケーション意欲）を持つこと，(3) 伝えるために目標言語の運用能力を高めること，を包括的に扱い，認知面と情意面に同時に働きかける点に意義があると述べている。また，コンテントベースの指導法の効果を実証的に調査した研究からは，第二言語不安が軽減され，動機づけが高まることが報告されている (Yashima & Zenuk-Nishide, 2008)。しかし，その一方でコンテントベースの指導法は，「内容」と「言語」の統合のバランスが難しく（例えば，言語力と比較して内容が概念的に難しすぎると言語学習がスムーズに進まない），学習に困難が生じる場合もあることが指摘されている（田近, 2010）。コンテントベースの指導法の1つである CLIL を例に取れば，未だ日本語教育での実践は始まったばかりであり（小林・奥野, 2019），第二言語不安等の心理面も含めて実証的な研究が必要とされる。

　さらに近年では，目標言語によるコミュニケーションのコンテクスト自体も大きく変化しており，オンラインによる講義，インターネット上での目標言語話者との交流も盛んとなっている。今後は，上述した

CDST のアプローチ等も取り入れながら，現代の多様な指導法，新たなコミュニケーションのコンテクストを踏まえて，そのような指導・学習環境と第二言語不安の複雑な相互作用を解明していく研究が求められるといえる。

参照文献

王玲静 (2013).『第二言語習得における心理的不安の研究』ひつじ書房.

小河原義朗 (2001).「外国人日本語学習者の日本語発音不安尺度作成の試み：タイ人大学生の場合」『世界の日本語教育』11, 39-53.

倉八順子 (1996).「スピーチ指導におけるフィードバックが情意面に及ぼす効果」『日本語教育』89, 39-51.

小林明子・奥野由紀子 (2019).「内容言語統合型学習 (CLIL) の実践と効果：日本語教育への導入と課題」『第二言語としての日本語の習得研究』22, 29-43.

柴田あづさ (2018).「日本語学習における関西弁劇創作の教育効果：複線径路・等至性モデリング分析から見る留学生 4 名の変容過程から」『日本語教育』170, 62-77.

竹内理・水本篤 (編著) (2014).『外国語教育研究ハンドブック 改訂版：研究手法のより良い理解のために』松柏社.

田近裕子 (2010).「内容中心の指導法」大学英語教育学会 (監修) 山岸信義・高橋貞雄・鈴木政浩 (編)『英語教育学大系第 11 巻　英語授業デザイン：学習空間づくりの教授法と実践』(pp. 73-82). 大修館書店.

田佳月 (2019).「中国人留学生の学術レポート執筆不安とその変化：学習背景の違いに着目して」『専門日本語教育研究』21, 53-60.

戸坂弥寿美・寺嶋弘道・井上佳子・高尾まり子 (2016).「学外での日本語母語話者へのインタビュー活動に関する一考察：学習者の不安とその変化を中心に」『日本語教育』164, 79-93.

馬場今日子・新多了 (2016).『はじめての第二言語習得論講義：英語学習への複眼的アプローチ』大修館書店.

廣森友人 (2014).「ダイナミックシステム理論に基づいた新しい動機づけ研究の可能性」『The Language Teacher』38, 15-18.

元田静 (2005).『第二言語不安の理論と実態』渓水社.

八島智子 (2019).『外国語学習とコミュニケーションの心理：研究と教育の視点』関西大学出版部.

安田裕子・滑田明暢・福田茉莉・サトウタツヤ (編) (2015).『ワードマップ TEA　理論編：複線径路等至性アプローチの基礎を学ぶ』新曜社.

山田剛史・井上俊哉 (編) (2012).『メタ分析入門：心理・教育研究の系統的レビューのために』東京大学出版会.

Agudo, J.D.D.M. (Eds.). (2018). *Emotions in second language teaching: Theory, research and teacher education*. Springer.

Aida, Y. (1994). Examination of Horwitz, Horwitz, and Cope's construct of foreign language anxiety: The case of students of Japanese. *The Modern Language Journal, 78*(2), 155–168.

Alpert, R., & Haber, R.N. (1960). Anxiety in academic achievement situations. *The Journal of Abnormal and Social Psychology, 61*(2), 207–215.

Bailey, P., Onwuegbuzie, A.J., & Daley, C.E. (2000). Correlates of anxiety at three stages of the foreign language learning process. *Journal of Language and Social Psychology, 19*(4), 474–490.

Boudreau, C., MacIntyre, P., & Dewaele, J.M. (2018). Enjoyment and anxiety in second language communication: An idiodynamic approach. *Studies in Second Language Learning and Teaching, 8*(1), 149–170.

de Bot, K. (2017). Complexity theory and dynamic systems theory: Same or different? In L. Ortega & Z. Han (Eds.), *Complexity theory and language development: In celebration of Diane Larsen-Freeman* (pp. 51–58). John Benjamins.

Dewaele, J.M. (2013). The link between foreign language classroom anxiety and psychoticism, extraversion, and neuroticism among adult bi- and multilinguals. *The Modern Language Journal, 97*(3), 670–684.

Dewaele, J., & MacIntyre, P.D. (2014). The two faces of Janus? Anxiety and enjoyment in the foreign language classroom. *Studies in Second Language Learning and Teaching, 4*(2), 237–274.

Dewaele, J.M., Magdalena, A.F., & Saito, K. (2019). The effect of perception of teacher characteristics on Spanish EFL learners' anxiety and enjoyment. *The Modern Language Journal, 103*(2), 412–427.

Dörnyei, Z., Henry, A., & MacIntyre, P.D. (Eds.). (2014). *Motivational dynamics in language learning*. Multilingual Matters.

Dulay, H., & Burt, M. (1977). Remarks on creativity in language acquisition. In M. Burt, H. Dulay, & M. Finocchiaro (Eds.), *Viewpoints on English as second language* (pp. 95–126). Regents.

Fukai, M. (2000). Foreign language anxiety and perspectives of college students of Japanese in the United States: An exploratory study. *Japanese Language Education around the Globe, 10*, 21–41.

Gabryś-Barker, D., & Bielska, J. (Eds.). (2013). *The affective dimension in second language acquisition*. Multilingual matters.

Gregersen, T. (2005). Nonverbal cues: Clues to the detection of foreign language anxiety. *Foreign Language Annals, 38*(3), 388–400.

Gregersen, T. (2007). Breaking the code of silence: A study of teachers' nonverbal decoding accuracy of foreign language anxiety. *Language Teaching Research, 11*(2), 209–221.

Gregersen, T., & Horwitz, E.K. (2002). Language learning and perfectionism: Anxious and non-anxious language learners' reactions to their own oral performance. *The Modern Language Journal, 86*(4), 562–570.

Gregersen, T., MacIntyre, P.D., & Meza, M.D. (2014). The motion of emotion: Idiodynamic case studies of learners' foreign language anxiety. *The Modern Language Journal, 98*(2), 574–588.

Hiver, P., & Al-Hoorie, A.H. (2019). *Research methods for complexity theory in applied linguistics.* Multilingual Matters.

Horwitz, E.K. (2017). On the misreading of Horwitz, Horwitz and Cope (1986) and the need to balance anxiety research and the experiences of anxious language learners. In C. Gkonou, M. Daubney, & J.M. Dewaele (Eds.), *New insights into language anxiety: Theory, research and educational implications* (pp. 31–47). Multilingual Matters.

Horwitz, E.K., Horwitz, M.B., & Cope, J. (1986). Foreign language classroom anxiety. *The Modern Language Journal, 70*(2), 125–132.

Jin, Y.X., & Dewaele, J.M. (2018). The effect of positive orientation and perceived social support on foreign language classroom anxiety. *System, 74*, 149–157.

Kitano, K. (2001). Anxiety in the college Japanese language classroom. *The Modern Language Journal, 85*(4), 549–566.

Krashen, S. (1982). *Principles and practice in second language acquisition.* Pergamon Press.

Krashen, S.D., & Terrell, T.D. (1983). *The natural approach: Language acquisition in the classroom.* Alemany Press.

Larsen-Freeman, D. & Cameron, L. (2008). *Complex systems and applied linguistics.* Oxford University Press.

Machida, S. (2001). Test anxiety in Japanese-language class oral examinations. *Japanese Language Education around the Globe, 11*, 115–138.

MacIntyre, P.D. (2017). An overview of language anxiety research and trends in its development. In C. Gkonou, M. Daubney, & J.M. Dewaele (Eds.), *New insights into language anxiety: Theory, research and educational implications* (pp. 11–30). Multilingual Matters.

MacIntyre, P.D., & Gardner, R.C. (1991). Methods and results in the study of anxiety and language learning: A review of the literature. *Language Learning, 41*(1), 85–117.

MacIntyre, P.D., & Gardner, R.C. (1994). The subtle effects of language anxiety on cognitive processing in the second language. *Language Learning, 44*(2),

283–305.

MacIntyre, P. D., & Legatto, J. J. (2011). A dynamic system approach to willingness to communicate: Developing an idiodynamic method to capture rapidly changing affect. *Applied Linguistics, 32*(2), 149–171.

MacIntyre, P. D., Gregersen, T., & Mercer, S. (Eds.). (2016). *Positive psychology in SLA*. Multilingual Matters.

MacIntyre, P. D., Noels, K. A., & Clément, R. (1997). Biases in self-ratings of second language proficiency: The role of language anxiety. *Language Learning, 47*(2), 265–287.

MacIntyre, P. D., Clément, R., Dörnyei, Z., & Noels, K. A. (1998). Conceptualizing willingness to communicate in a L2: A situational model of L2 confidence and affiliation. *The Modern Language Journal, 82*(4), 545–562.

MacIntyre, P. D., Mackay, E., Ross, J., & Abel, E. (2017). The emerging need for methods appropriate to study dynamic systems: Individual differences in motivational dynamics. In L. Ortega & Z. Han (Eds.), *Complexity theory and language development: In celebration of Diane Larsen-Freeman* (pp. 97–122). John Benjamins.

Maher, K., & King, J. (2020). Observing anxiety in the foreign language classroom: Student silence and nonverbal cues. *Journal for the Psychology of Language Learning, 2*(1), 116–141.

Pawlak, M., Kruk, M., Zawodniak, J., & Pasikowski, S. (2020). Investigating factors responsible for boredom in English classes: The case of advanced learners. *System, 91*, https://doi.org/10.1016/j.system.2020.102259

Pinel, K., & Csizer, K. (2014). Changes in motivation, anxiety, and self-efficacy during the course of an academic writing seminar. In Z. Dörnyei, P. D. MacIntyre, & A. Henry (Eds.), *Motivational dynamics in language learning* (pp. 164–194). Multilingual Matters.

Saito, Y., Garza, T. J., & Horwitz, E. K. (1999). Foreign language reading anxiety. *The Modern Language Journal, 83*(2), 202–218.

Scovel, T. (1978). The effect of affect on foreign language learning: A review of the anxiety research. *Language Learning, 28*(1), 129–142.

Sevinç, Y., & Dewaele, J. M. (2018). Heritage language anxiety and majority language anxiety among Turkish immigrants in the Netherlands. *International Journal of Bilingualism, 22*(2), 159–179.

Teimouri, Y., Goetze, J., & Plonsky, L. (2019). Second language anxiety and achievement: A meta-analysis. *Studies in Second Language Acquisition, 41*(2), 363–387.

van Dijk, M., Verspoor, M., & Lowie, W. (2011). Variability and DST. In M. Verspoor, K. de Bot, & W. Lowie (Eds.), *A dynamic approach to second language development: Methods and techniques.* (pp. 55–84). John Benjamins.

Yashima, T. (2002). Willingness to communicate in a second language: The Japanese EFL context. *The Modern Language Journal, 86*(1), 54–66.

Yashima, T. (2020). Nested systems and their interactions: Dynamic WTC in the classroom. In R. J. Sampson & R. S. Pinner (Eds.), *Complexity perspectives on researching language learner and teacher psychology.* (pp. 68–85). Multilingual Matters.

Yashima, T., & Zenuk-Nishide, L. (2008). The impact of learning contexts on proficiency, attitudes, and L2 communication: Creating an imagined international community. *System, 36*(4), 566–585.

Yashima, T., Zenuk-Nishide, L., & Shimizu, K. (2004). The influence of attitudes and affect on willingness to communicate and second language communication. *Language Learning, 54*(1), 119–152.

Young, D. J. (1991). Creating a low-anxiety classroom environment: What does language anxiety research suggest? *The Modern Language Journal, 75*(4), 426–439.

Zhang, X. (2019). Foreign language anxiety and foreign language performance: A meta-analysis. *The Modern Language Journal, 103*(4), 763–781.

第6章

動機づけ

1. はじめに

　第二言語を習得するには長期に渡る学習が必要であり，その長い道のりのなかでは，学習に対する動機づけ（motivation）を維持し続けることが必要となる。Dörnyei & Ushioda (2021, p. 4) によれば，動機づけは「人間の行動の方向（direction）とその規模（magnitude）に関わるもの」であり，(1) 人がなぜそれをしようとするのか，(2) その活動をどのくらい続けようとするのか，(3) どの程度，熱心に取り組もうとするのか，に関わるという。すなわち，動機づけは学習を開始するときのみではなく，学習を継続する過程においても影響を与えるものであるといえる。第二言語教育における動機づけ研究は，概ね1960年代から始まり，心理学や第二言語習得研究の研究成果を取り入れながら発展してきた。本章では，まず第二言語教育分野における動機づけ研究の歴史的変遷[1]をまとめる。次に日本語教育分野における動機づけ研究の動向について述べ，最後に今後の研究課題を挙げることとする。

---

[1]　研究の歴史的区分に関しては Dörnyei & Ushioda (2011, 2021) を参考とした。

2.　第二言語教育における動機づけ研究の概観

2.1　社会心理学的アプローチによる研究

　第二言語の動機づけ研究は 1960 年前後から始まったが，その先駆け となったのは Gardner と Lambert による社会心理学の観点に基づく一 連の研究である（Gardner, 1985; Gardner & Lambert, 1972）。Gardner （1985）は，言語学習を他教科（数学や歴史等）とは異なるものと捉え， 目標言語集団の文化，行動様式を自己に取り入れるという意味で自己概 念の変革を迫られるものであると述べている。そして，カナダのように 異なる言語集団が混在する社会では，目標言語集団の文化や言語を知 り，コミュニケーションしたいという統合的動機づけ (integrative motivation)[2] を抱く学習者は目標言語の到達度が高いことを示した （Gardner, 1985, 2001）。ただし，その後，地域によっては仕事など実利 的な目的のために学ぶ道具的動機づけ（instrumental motivation）を持 つ学習者のほうが高い成績を収めることも示されており（Gardner & MacIntyre, 1991），到達度との関係は社会環境により異なることも指摘 された。

　また世界のグローバル化が進み，英語が国際的な共通語となるにつ れ，統合的動機づけの概念を再解釈する動きが見られるようになった。 例えば八島（2019）では，日本のように目標言語（英語）話者と接する機 会が少ない学習者の動機づけを統合的動機づけの観点から理解すること は困難であると指摘している。そして，統合的動機づけに代わる概念と して国際的志向性（international posture）（八島, 2019; Yashima, 2000） という概念を提唱した。国際的志向性は世界の多様な人々と意思疎通す ることを想定している点で，特定の言語話者・集団との関わりを想定し た Gardner らの概念とは異なっており，さらに世界につながるための 道具として英語を捉えていることから，統合的・道具的動機づけ双方の 概念を含んでいるという。Yashima（2002）では日本の大学生に調査を

2　統合的動機づけは統合性 (integrativeness)，学習環境への態度 (attitudes toward the learning situation)，動機づけ (motivation) から構成される (Gardner, 1985, 2001)。

行い，国際的志向性が強いほど能動的に学習に取り組み，第二言語（英語）のコミュニケーション意欲 (willingness to communicate)[3] も高いことを示している。その他の国・地域においても統合的動機づけを捉え直そうとする提案は見られ，このような動きは後に第二言語の理想自己 (ideal L2 self)（2.3.1 参照）という概念の誕生につながっていく。

2.2　教育・学習心理学的アプローチによる研究

2.2.1　動機づけ研究の理論的拡大

　1990 年代に入ると，社会心理学的なアプローチによる研究だけでは，言語教師が最も関心を抱く教室場面における動機づけを理解するためには十分ではないという批判が起こった (Crookes & Schmidt, 1991)。そして，自己決定理論 (self-determination theory) (Deci & Ryan, 2002)，原因帰属理論 (attribution theory) (Weiner, 1992)，ARCS モデル (Keller, 1987)[4] 等の教育・学習心理学分野の知見を取り入れることによって，理論的な拡張がなされた。

　例えば Ushioda (2001) では原因帰属理論をもとに，アイルランドでフランス語を学ぶ大学生にインタビュー調査を行っている。原因帰属理論では，人が過去の経験をどう認知するか，その成功や失敗の原因を何に帰属させるかが次の行動に影響を与えると考える (Weiner, 1992)。Ushioda (2001) は，学習者が学習成果を環境（言語使用機会）など幅広い要因に帰属させていること，学習経験を肯定的に捉えることで自分を励ましながら学習を続けていることを明らかにした。そして学習者が学習の成功に必要だと考えているものを授業に取り入れることで動機づけが維持される可能性があると述べている。また廣森 (2006) では，自己決定理論に基づいて日本人大学生を対象としたライティング活動を調査

3　第二言語のコミュニケーション意欲とは「あるタイミングで，特定の相手とのやりとりに第二言語を用いて参入しようとする心の準備状態」(MacIntyre et al., 1998, p. 547; 八島, 2019, p. 116 訳) を指す。

4　ARCS モデルでは注意 (attention)，関連性 (relevance)，自信 (confidence)，満足 (satisfaction) という観点から動機づけを高める方法を提案している。

した。自己決定理論は，動機づけを無動機 (amotivation)，外発的動機づけ (extrinsic motivation)，内発的動機づけ (intrinsic motivation) に分類し[5]，段階的な発達を捉えようとするものであり，3つの心理的欲求（自律性の欲求，有能性の欲求，関係性の欲求）を充足することにより動機づけが高まるとされる (Deci & Ryan, 2002)。廣森 (2006) のライティング活動は (1) トピックに選択の幅を設ける等により，責任を持って取り組む（自律性の欲求），(2) 個々の英語力に合ったフィードバックにより達成感を高める（有能性の欲求），(3) グループワークを通じて互いに刺激を受ける（関係性の欲求）という点で動機づけを高めると想定された。活動前後に実施した質問紙調査から，3つの心理的欲求が高まり，内発的動機づけ，自己決定性の高い外発的動機づけも高くなったことが報告されている。

　以上のように，認知的・状況的アプローチが導入されて以降，動機づけを高める方策に着目した研究が数多く行われるようになった。さらに学習者の動機づけに対する教師の働きかけを動機づけストラテジー (motivational strategies) (Dörnyei, 2001b) と呼び，その効果を実証的に明らかにしようとする研究も始まった。例えば Guilloteaux & Dörnyei (2008) では韓国の 40 の英語クラスを対象に教室観察を行い，教師の動機づけストラテジーの使用と学習者の行動（積極的な参加や発言等）の関連を分析している。結果として，動機づけストラテジーの使用と積極的な学習行動には正の相関が見られた。また Moskovsky et al. (2013) では，サウジアラビアの英語学習者と教師を対象とした準実験を行っている。学習者を実験群と統制群に分け，実験群を担当する教師は授業前に動機づけストラテジーのトレーニングを受講した。そのうえで 8 週間の間，実験群のみ動機づけストラテジーを用いた授業を受けた。授業前後に質問紙調査を実施したところ，実験群は統制群と比較して動機づけ

5　無動機とは学習に対して拒否反応を起こし，無気力となっている状態である。外発的動機づけとは行動の理由が自己の外部にあるもので，自己決定の度合いにより 4 段階（外的調整，取り入れ的調整，同一視的調整，統合的調整）に分かれる。内発的動機づけは知的好奇心や興味等が源泉となるものである。

が上昇していた。

　以上の結果からは，動機づけストラテジーが学習者の動機づけや学習行動に肯定的に作用することが示唆される。ただし，学習者が動機づけストラテジーをどう受け止めるかは，もともとの動機づけ状態（廣森，2006）等によっても異なる。したがって常に効果を発揮する方法があるわけではなく，個々に合わせて働きかけを変える必要があるといえる。

2.2.2　タスクの動機づけ

　動機づけ研究が教室場面へと焦点を移した時期は，タスク中心の教授法が台頭した時期と重なる。この頃から教室における動機づけを考察するうえでタスクを単位とした，タスクの動機づけ（task motivation）に着目した研究が見られるようになった。

　Tremblay et al.（1995）では，タスクに取り組む際には特性的動機づけ（trait motivation）と状況的動機づけ（state motivation）の両方が影響を与えると述べている。前者は学習全体に対する安定した動機づけであり，後者は場面や状況に左右される動機づけである。これに対してDörnyei（1994）は，教室における動機づけにはより複雑な要因が関わると指摘し，関連する要因を (1) 言語レベル，(2) 学習者レベル，(3) 学習状況レベルという3つの観点から整理した。まず，(1) 言語レベルには，統合的・道具的動機づけのように，目標言語の社会的価値や目標言語集団との関わりから形成される動機づけが含まれる。次に (2) 学習者レベルには，自己決定理論や原因帰属理論に見られるような，学習者個人から生じる動機づけが含まれる。最後に (3) 学習状況レベルには，コース固有，教師固有，集団固有の動機づけ構成要素が含まれる。すなわち，コースに対する興味や満足感，教師の態度やフィードバック，集団の規範等の教室特有の要因が含まれている。Dörnyei（2001a）では，学習者がタスクに取り組む際には上述の3つのレベルの複数の要因が相互作用的に関わると述べられている。

　Dörnyeiによる上記の提案については，当初，実証的な調査による検

証が不十分であるという指摘（Gardner & Tremblay, 1994）もあったが，その後，数多くの研究が積み重ねられていった。これまでの研究から，タスクの動機づけには，トピック（Poupore, 2014）や複雑さ（Kormos & Préfontaine, 2017）といったタスク設計が影響を与えることが示されている。また他者と協力して行うタイプのタスクでは集団に関わる要因も影響を与える。例えば Dörnyei（2000）ではハンガリーの英語学習者を対象に，問題解決型の議論タスクを課し，アウトプット（ターン数，語数）との関連を調査した。結果として，ペアの相手のタスクに対する態度がアウトプット量と関連していることが示された。さらに Poupore（2016）では，韓国人英語学習者に協働的なタスクに取り組んでもらい，グループワーク・ダイナミクス[6]とタスクの動機づけの関連を分析した。タスク中の様子を録画し，グループワーク・ダイナミクスを測定する尺度を用いて取り組みを評価した。実施後，タスクの動機づけ（楽しさ，努力，結果の自己評価，タスクの関連性）を質問紙により調査し，グループワーク・ダイナミクスの評定値との相関を分析した。その結果，両者の間には正の相関が見られ，タスクに対する高い動機づけは，集団内の肯定的な雰囲気や有益な対人相互作用により支えられていることが示された。

　以上のような研究から，タスクの動機づけが教育システムや集団との相互作用を通して，協働的に構築される動機づけであることがわかる。

2.3　動的・社会的アプローチによる研究

2.3.1　第二言語の理想自己

　1990年代以降，第二言語習得研究では social turn（Block, 2003）と呼ばれるパラダイム転換が起こり，従来の認知的なアプローチに加えて言語習得を社会的なものと捉えて解明しようとする研究が見られるように

6　グループワーク・ダイナミクス（Group Work Dynamics: GWD）とは3名以上の集団における社会環境を指す。肯定的な GWD のもとでは集団内に温かさ，信頼感の感覚が生じる。GWD の尺度では他者の意見を聞く，アイコンタクトをする等は肯定的に評価され，話を遮る，考えを共有しない等は否定的に評価される（Poupore, 2016）。

なった。このような流れのなかで，動機づけを個々人が置かれた環境や
他者との相互作用により形成されるものとする見方 (Ushioda, 2009) が
示されるようになった。

　上記の流れと呼応する理論の１つが第二言語における動機づけ自己シ
ステム (L2 Motivational Self System: L2MSS) (Dörnyei, 2009) である。
L2MSS が誕生した背景には，Csizér & Dörnyei (2005) がハンガリーに
おいて 1993 年と 1999 年の２回にわたり実施した大規模な調査がある。
約 8000 名の外国語 (英語，ドイツ語，フランス語等) 学習者に対する質
問紙調査から，学習努力や言語選択 (どの言語を学ぶことを選ぶか) に
直接影響を与える要因は，統合性 (integrativeness) であることが示さ
れた。統合性は Gardner により提唱された統合的動機づけの中心的概念
である。しかし，ハンガリーは基本的にハンガリー語が使われるモノリ
ンガル国家であり，Gardner が調査を行ったカナダのバイリンガル環境
とは異なっている。外国語学習環境であるハンガリーには，学習者が溶
け込みたいと願うような目標言語コミュニティは存在しないため，
Gardner と同様の意味で統合性の概念を解釈することは困難であった。
そのため，統合性の概念をより広い意味で再解釈し，現在の自己と将来
の自己との心理的統合 (integrate) であると捉えることが提案された[7]。

　上記の調査および心理学・第二言語教育における先行研究をもとに
Dörnyei (2009) は，先述した L2MSS を提唱した。L2MSS は，(1) 第
二言語の理想自己 (ideal L2 self)，(2) 第二言語の義務自己 (ought-to
L2 self)，(3) 第二言語の学習経験 (L2 learning experience) から構成
される。(1)は，もし理想の自己が「目標言語を使う自分」だとすれば，
現在の自己との乖離を埋めようとする欲求が動機づけとして働くという
ものである。また (2) は，周囲の人々や社会から課される義務やプレッ
シャーをもとにした，「こうあるべき自己」が動機づけとなるというも
のである。さらに (3) には，教師やカリキュラム，成功の経験等が含ま

7　ただし後の調査で Claro (2019) は，第二言語の理想自己と統合性は完全に同一の概
念ではなく補完的なものであると指摘している。

れ，これらも動機づけに影響を与えるという。Dörnyei (2009) は上記の要因は単独でも作用するが，3つが調和することによって累積的な効果があると述べ，バランスの取れた将来像と現在の学習における楽しさが組み合わさることで積極的な学習につながると示唆している。

　Dörnyei が L2MSS を提唱して以降，この理論による研究は急速に増加しており (Boo et al., 2015)，データの蓄積とともにメタ分析[8]による研究統合も行われた。Al-Hoorie (2018) では L2MSS を理論的枠組みとした 32 の研究を対象にメタ分析を行っている。その結果，L2MSS の 3 つの構成要素は，それぞれ学習努力と正の相関が見られたが，特に第二言語の理想自己との相関が高いことが示された。したがって国や地域に関わらず，理想の将来像を明確化することが能動的な学習に結びつく可能性があるといえる。

　一方，第二言語の義務自己に関しては，その概念を再検討する必要が指摘されている (Al-Hoorie, 2018)。これまでチリ (Kormos et al., 2011) やハンガリー (Dörnyei & Chan, 2013) で行われた調査では，第二言語の義務自己は学習努力との関連が薄いことが示唆されている。しかし，日本で行われた調査 (Yashima et al., 2017) では，第二言語の理想自己だけではなく義務自己も学習努力との相関が高いことが示されており，周囲の期待に応えたいという思いも動機づけを高めることがわかっている。このように第二言語の義務自己に関しては社会的，文化的環境によって，働きが異なる可能性がある。Dörnyei & Ushioda (2021) は，2 つの自己はいずれも自己指針 (self-guide) として機能するとして，将来，目標言語を使用する自己のビジョンを鮮明にすることによって，現在の学習に対する動機づけを高めることができると述べている。

8　山田・井上 (2012, p. 1) はメタ分析について「同一のテーマについて行われた複数の研究結果を統計的な方法を用いて統合すること，すなわち，統計的なレビューのことである」と述べている。

2.3.2　複雑系のアプローチによる研究

　動機づけを複雑で動的なシステムとして捉える理論として，2000 年代以降，CDST (Complex Dynamic Systems Theory) と呼ばれる複雑系のアプローチによる研究も盛んとなっている。CDST による研究では，動機づけの変化がいつ，どのように起こるかを縦断的かつ詳細に記述し，変化に影響を与えた要因や変化が起きる条件を考察する。従来，動機づけ研究では，動機づけと他の要因（例えば成績や学習ストラテジー）との因果関係を明らかにしようとした研究が多く見られた。この場合，例えば「統合的動機づけが高い学習者は日本語の成績が高い」等の仮説に基づき，両者の間に直線的な関係を想定する。しかし実際の教室には，統合的動機づけが高く日本文化に度々触れているものの成績はあまり良くない学習者や，文化的な活動にはあまり興味がないが成績は良い学習者も存在する。すなわち，より個別的に学習者を見れば，原因と結果（ここでは統合的動機づけと成績）の関係は多様で非直線的であるといえる。このような複雑な結果が生じるのは，動機づけや成績には1 つの要因だけではなく，複数の要因が相互作用的に影響を与えているためである。CDST の考え方に基づけば，そもそも特定の結果を予測するということは不可能であり，できることは，ある結果を回顧的に解釈することだけだという（馬場・新多, 2016; 廣森, 2014; Dörnyei & Ushioda, 2021）。

　CDST の考え方に基づいた調査手法は複数あり[9]，例えば Chan et al. (2014) では回顧定性的モデリング (retrodictive qualitative modelling) (Dörnyei, 2014) という方法を用いて，香港の中学校で学ぶ英語学習者を対象とした調査を実施している。この手法では，先に結果を特定し，どのような経緯を経て結果に至ったのか，その過程を振り返って考察する。調査では，まず複数の教師にインタビューを行い，彼らのクラスにおける顕著な学習者タイプを特定した。次に学習者を 7 つの典型的なタイプ

9　Hiver & Al-Hoorie (2019) では量的研究，質的研究，混合研究法それぞれにおける研究手法をまとめている。

に分け，各タイプにつき1名の学習者に詳細なインタビュー調査を実施した。インタビューでは過去9年間の英語学習について聞き，そのタイプ（結果）に至った経緯や影響要因を探った。分析では，各タイプにおける動機づけの変化のパターンと影響要因が考察された。Chan et al. (2014) は，このような方法により，ある授業（クラス）における特徴的な学習行動のモデルを示すことができ，授業がどのように機能しているかを理解することが可能になると述べている。

　また Sasaki et al. (2017) では，日本の大学生を対象に英語読解力の1年間の変化を混合研究法により調査している。読解力に影響する要因として，個人が持つ動機づけの他に，クラスの規範意識（キャリア志向）等を想定し，質問紙により調査した。読解試験の得点と質問紙調査の結果を統計的に分析した結果，読解力の伸び率に関して個人による相違はほぼ見られなかったが，クラスによる相違が見られ，キャリア志向の強いクラスに所属していると認識している学習者のほうが読解力の伸び率が高かった。またインタビューからは，クラス規範に対する認識が学習行動と関連することが示唆された。例えばある学習者は，学期開始当初には将来に関する明確なビジョンを持っていなかったが，留学を目指すクラスメートから刺激を受け，授業外でも自主的な学習をするようになったという。このことから，明確なキャリア意識を持つクラスメートに囲まれて学習することが学習行動への動機づけとなり，その後の第二言語能力の向上につながる可能性があることが示唆された。このような調査では，個人と環境が相互作用しながらどのように変化していくのかを CDST の考え方を参考としながら縦断的に描き出している。上記の他にも CDST に基づいて動機づけの変化を微視的・縦断的に調査した研究は数多くあり，研究成果をまとめた書籍も出版されている (Dörnyei et al., 2014)。

　加えて CDST のアプローチを教師の実践や振り返りに役立てようとする研究も見られる。Sampson (2015) では，1年間の縦断的アクション・リサーチを行い，CDST の観点から授業改善を試みている。日本

の高等専門学校生を対象とした英語コースにおいて，終了後の動機づけ
状態を考察し，その結果に至った過程を教師のジャーナルと学習者の学
習日誌から分析した。教師と学習者の内省を詳細に分析し，CDST の
観点から考察した結果，クラス内の複雑な相互作用を経て，動機づけが
協働的に構築される過程が明らかとなった。Sampson (2015) は，教師
自身が CDST の観点から教室の事象を考察することにより，教室で生
起する学びや学習者集団の形成過程について理解を深めることができる
と述べている。

2.4　第二言語教育における動機づけ研究の新たな展開
2.4.1　複言語話者の動機づけ

　第二言語教育分野における動機づけ研究では新たな理論や研究の観点
が次々と登場している[10]。2017 年の *The Modern Language Journal* 誌上
では，Beyond global English: Motivation to learn language in a
multicultural world と題する特集が組まれている。そのなかで Ushioda
& Dörnyei (2017) は，第二言語教育分野の動機づけ研究をレビューし
た Boo et al. (2015) を引用し，2005 年から 2014 年までに発表された論
文の約 70％が英語学習者を対象とした研究であったと述べている。そ
して今後，英語以外の言語 (Languages Other Than English: LOTEs)
も研究に含める必要性を指摘し，以下の課題を述べた。それは，(1) こ
れまでの理論的枠組みは，英語学習者を対象とした調査を基盤として提
示されたものだが，この理論を LOTEs の学習者に当てはめることは適
切か，(2) 英語は世界の共通語となっており，このような英語の特殊な
位置づけは LOTEs を学ぶうえでどのような影響を与えているのか，と
いう点である。

　まず (1) に関しては，英語学習に対する動機づけは他言語に対する動

10　第二言語教育分野における動機づけ理論は数多くあり，コミュニケーション意欲
(willingness to communicate)，動機づけの減退 (demotivation)，投資 (investment) など，
本稿で詳しく説明することができなかったものも多い。

機づけとは異なる可能性が指摘されている。例えば日本のほとんどの大学では英語が必修科目となっており，履修について選択の余地はない。しかし，中国語，韓国語等の第二外国語については，どの言語を履修するか等に個人の裁量の余地がある。Dörnyei & Al-Hoorie (2017) は，教育カリキュラムにおいて英語が占める特別な位置づけを鑑みれば，英語とLOTEsの動機づけには質的な違いがあり，英語学習者を対象とした調査を基盤として理論化を進めることで不完全な理論を導き出す恐れがあると述べている。またDörnyei & Ushioda (2021) では，その例として統合的動機づけを挙げている。英語が国境を越えた共通語となるにつれ，特定の集団の一員になりたいという統合的動機づけの説明的妥当性には疑問が呈されるようになった (2.4.1 参照)。しかし，LOTEsを対象とした研究では，目標言語社会や文化の魅力を源泉とした統合的動機づけは，依然として重要な動機づけの1つであることが指摘されている。

　次に (2) に関連して，従来，第二言語教育における動機づけ研究は，モノリンガルの話者が単一の第二言語を学習するという状況を設定して理論化される傾向があった (Henry, 2010)。しかし，現代の流動的な多言語・多文化社会においてはそのような状況は稀になっている。特にLOTEsの学習者では，英語の学習経験がある (または英語とLOTEsを同時に学んでいる) 場合が多い。このことからDörnyei & Ushioda (2021) はLOTEsの動機づけを理論化する際には，学習者の言語レパートリーのなかで英語が避けて通れない存在であることを考慮する必要があると述べている。いくつかの言語を同時に学ぶ場合，各言語に対する動機づけが均等である可能性は低く，特に英語が含まれる場合には，英語学習が優先され，LOTEsに対する動機づけが抑制される場合がある (Henry, 2014)。Dörnyei & Ushioda (2021) は，各言語に対する動機づけの相互関係を検討する必要があると述べている。

　Henry (2017) では，上記のような観点をもとに ideal L2 self (Dörnyei, 2009) の考えを拡張し，複言語を使用する理想自己を表す概念として ideal multilingual self という新たな概念を提示している。ただし，学習

者が所属する社会によって複言語を習得していることに対する評価は異なっている。Ushioda & Dörnyei (2017) は，Henry (2017) が提唱した ideal multilingual self の概念は，ほとんどの人がマルチリンガルであるスウェーデンの研究が基盤になっていることを指摘し，モノリンガルが圧倒的多数である社会，または多言語主義が奨励されていない社会において，ideal multilingual self のような概念は発展しうるのかという疑問を投げかけている。

2.4.2　エンゲージメント

　2.2.2 では特定の課題に対する動機づけとして，タスクの動機づけについて述べた。近年では，その考え方を発展させたエンゲージメント (engagement) という新たな概念が注目されている。エンゲージメントは，学習に対する積極的な関与や参加，取り組みと定義される (Mercer & Dörnyei, 2020)。また，学習に対する関与や参加は認知的な側面だけでなく，社会的，行動的，感情的な側面にも反映されるという (Hiver et al., 2021; Mercer & Dörnyei, 2020; Oga-Baldwin, 2019)。つまり，エンゲージメントが高まった状態であれば，課題に興味や関心を持ち (感情的)，内容や学習方法を深く理解しようとし (認知的)，他の学習者と協働しながら (社会的)，努力と粘り強さを持って取り組む (行動的) といえる。

　エンゲージメントに関する調査では，タスク設計や取り組み形態がどのような影響を与えるかが分析されている (e.g., Hiromori, 2021; Lambert et al., 2017; Mozgalina, 2015)。例えば Lambert et al. (2017) では日本の大学で学ぶ英語学習者を対象に，タスクの内容の違いによりエンゲージメント[11]がどのように異なるか調査した。教師が作成した内容 (地域の落書き問題，若者の選挙不参加がテーマ) と学習者が作成した内容 (自分の過去の経験がテーマ) を用いて，4 コマの絵を描写するタスクを

---

[11]　エンゲージメントは多面的であり，どの側面を対象とするかは研究により異なる。Lambert et al. (2017) では行動的側面，認知的側面，社会的側面を対象としている。

行った。タスク中の録音データを文字化したうえで従事時間，単語数，意味交渉等を分析した結果，学習者が作成した内容のほうがエンゲージメントのすべての側面で肯定的な影響が見られた。また，この結果は英語習熟度に関わらず同様であった。例えば教師が作成した内容では，話し手のターンは長く，聞き手は話を中断せず終わりまで質問を待つ傾向が見られた。また自分から関連する話をすることはほとんどなかった。一方，学習者が作成した内容では，聞き手のコメントや質問に応えて話し手が話を膨らませたり，関連する内容について話したりする様子が見られた。さらにタスク実施後の質問紙調査によれば，学習者が作成した内容のほうが感情面でも肯定的に評価されていた。Lambert et al. (2017) は，タスクを学習者の実生活や経験に関連する内容にすることで，タスクへの関与や参加，感情的反応を改善することができると述べている。またエンゲージメントを研究することで，あるタスクが他のタスクよりも魅力的である理由に関して実証的な基盤を提供することができると指摘している。

　さらに Hiromori (2021) では，日本の大学生を対象に，4コマ漫画を描写する英作文にひとりで取り組む場合とペアで取り組む場合で，エンゲージメントが異なるか調査している。個人とペアを比較した結果，エンゲージメントの感情的側面 (タスクに対する態度) についてはペアのほうが肯定的に評価していた。しかし，行動的側面 (タスクに費やす時間，英作文の単語数) と言語的側面 (英作文に対する評価の得点) では，個人とペアによる違いは見られなかった。このことから，単にペアを組ませてタスクに取り組むだけで高い成果を得られるわけではないこと，学習者がペアワークの利点を享受できていない場合があることを述べ，教師はペアワークを行う前に，協働学習の意義や利点を十分説明しなければならないと指摘している。

　2.3.2 で述べた複雑系のアプローチに代表されるように，近年の動機づけ研究は，複数の要因・条件が相互作用的に影響を与えるという動的，包括的な観点を取り入れている。この流れと類似して，エンゲージ

メントに関する研究も，認知，社会，行動，感情といった多様な側面か
ら，教室における課題への関与やそれを引き起こす要因を総合的に捉え
ようとしている。

3. 日本語教育における動機づけ研究

　ここまで主に海外の研究動向について述べたが，次に日本語教育分野
の研究を概観する。なお2000年初頭までの研究については守谷 (2002)
に整理されているため，ここでは主として2000年以降の研究について
述べる。

　日本語教育の分野で動機づけが研究課題として取り上げられるように
なった1990年代から現在に至るまで，動機づけの構造を解明しようと
した研究は数多く行われてきた (e.g., 大西, 2010; 郭・大北, 2001; 楊,
2011; McEown et al., 2014; Teo et al., 2019)。さらに，長期的観点から
動機づけの変化や影響要因を調査する研究も見られるようになっている
(e.g., 根本, 2016; 羅, 2005; Gao & Lv, 2018; Nakamura, 2019; Nomura &
Yuan, 2019)。例えば羅 (2005) では，台湾の大学で学ぶ日本語学習者の
動機づけについて，ライフストーリー・インタビューにより縦断的に分
析している。中学・高校から大学時代までの変化を考察した結果，学習
開始当初には日本のポップ・カルチャーへの関心が動機づけとなってい
るが，学習が進むにつれて将来像などキャリアに関わる側面が重視され
始めることが示された。時間経過に伴う動機づけの変化の在り様は国・
地域によって異なる可能性がある。しかし，学習開始当初に有効であっ
た働きかけが学習を持続させるうえでも効果的であるとは限らないこと
から，長期的な視点から動機づけを捉えていくことの重要性がわかる。

　また2000年前後からは，自己決定理論 (藤田, 2015)，原因帰属理論
(守谷, 2020)，ARCS理論 (来嶋・鈴木, 2003) 等の学習・教育心理学の
理論を取り入れた研究も盛んとなった。例えば守谷 (2020) では，原因
帰属理論をもとに中国人研修生に対するインタビュー調査を行ってい
る。結果として，研修生が学習の成功，失敗の原因を主として「情意要

因（日本語の必要性の認識等）」「研修環境要因（日本語使用機会等）」
「授業・インストラクション（ニーズに合った授業等）」に帰属させてい
ることが示された。守谷（2020）はコミュニティ心理学の観点から，教
師が社会的文脈（研修環境）に積極的に働きかけていくことの重要性を
指摘している。また中井（2018）では，日本語学校の再履修者（進級で
きなかった学習者）を対象にインタビューを実施し，再履修となる前後
の動機づけ変化と影響要因を考察している。その結果，ほとんどの学習
者が学習に無力感を感じており，一部の学習者はその原因を自分自身の
能力のなさに帰属していることが示された。さらに再履修者に対する教
師の認識や対応についてもインタビューを行い，質的に分析している。
その結果，教師は学習状況の改善に対策を講じるものの，効果が上がら
ないため改善策を見出すことができなくなり，最終的に学習状況が改善
されない原因をカリキュラムや学校の方針に帰属させることが示され
た。

　さらに，動機づけの減退(demotivation)[12]に着目した研究も見られる。
許（2018）では中国の大学で学ぶ日本語専攻志望者と非志望者の学習者
を対象に，動機づけの減退を招く要因を調査した。中国の入試制度で
は，全国統一大学入学試験の成績によって大学や専攻を振り分けてお
り，もともとは日本語専攻を志望していなかったとしてもその所属とな
る場合があるという。しかし，調査結果からは，もともと日本語専攻を
志望していたグループ（日本語志望群）とそうでないグループ（日本語
非志望群）の間で，動機づけの減退を経験した割合に差はなく，日本語
志望群であっても動機づけの低下を経験しないわけではないことが示さ
れた。また両グループとも有能感の不足が見られること，日本語非志望
群のほうが教師への期待が高く，学習を教師に依存する傾向があること
等も示唆された。上記のような研究では，動機づけ向上・低下のメカニ
ズムを明らかにするとともに，特定のコンテクストにおける動機づけへ

12　動機づけの減退は一時的に動機づけが低下した状態を指し，動機づけが全くない状
態である無動機とは区別される（菊地, 2015）。

の有効な働きかけを具体的に明らかにしようとしている。

　さらに，L2MSS（L2 Motivational Self System）を理論的背景とした研究（小林, 2014; de Burgh-Hirabe, 2019）や，日本語を含む複言語に対する動機づけに着目した研究（倉田, 2018; Nakamura, 2019; Wang & Zheng, 2021）など新たな展開も見られる。例えば倉田（2018）では，オーストラリアで継承語として日本語を学ぶ大学生，大学院生にインタビューを行い，日本語使用者としての自己，および日本語と英語のバイリンガルとしての自己について，L2MSS を理論的枠組みとして分析した。その結果，各自が複雑で多面的な将来像を抱いていることが示され，その将来像には言語力の他に，言語を継承する意識，言語に対する愛着・親和性等が影響を与えていることが示唆された。倉田（2018）は，継承語学習者が「なりたい自己」を思い描けるような活動（学習者間で将来のビジョンを議論する等）を教室に取り入れることが必要だと述べている。

　また Nakamura（2019）は，オーストラリアと韓国の大学で学ぶ学習者に縦断的なインタビューを行い，複言語に対する動機づけの変化と影響要因を調査した。結果として，韓国では英語はキャリアを築くために必須のスキルと見なされているため，日本語よりも英語学習が優先され，時間が経つにつれて日本語学習に対する動機づけが低下する例が見られた。一方，オーストラリアの学習者は，英語母語話者またはそれに近い英語力を有していることから，将来日本で英語を生かした職業（外国語指導助手等）に就くことができるという展望があり，時間とともに動機づけが高まる様子が見られた。Nakamura（2019）は，英語が日本語学習に与えるマイナスの影響に着目するのではなく，複言語話者としてのビジョンを促進することが必要であると指摘し，英語が将来のキャリアに不可欠であると認識されている社会（韓国等）では，英語を活用して日本語を教えることを提案している。

4.　今後の展望

　日本語教育分野における動機づけ研究は，急速に移り変わる海外の研究動向を追いつつ，独自の観点や理論を模索してきたといえる。2.4.1で述べたように，英語学習者に対する調査結果を下敷きにして提案された理論は，LOTEs である日本語学習者の動機づけを説明するうえで十分ではない可能性がある。英語が国際語となるにつれ，特定の社会や文化への関心に基づく統合的動機づけの概念を英語学習者に適用することには疑問が呈されるようになった。しかし日本語学習者に関しては，日本人，日本社会や文化への関心が依然として強い動機づけであることが繰り返し指摘されている (e.g., de Burgh-Hirabe, 2019; Gao & Lv, 2018; Nomura & Yuan, 2019; Teo et al., 2019)。

　例えば Teo et al. (2019) では，国際的志向性 (2.1 参照) の概念を援用しながら，歴史，領土問題をめぐって反日感情が高まる中国において大学生，大学院生が日本語を学ぶ動機づけを明らかにしようとしている。質問紙調査の結果からは，日本製品への興味，日本関連の就職や文化への関心が高いほど，異文化理解のために学習するという動機づけを持ち，コミュニケーションへの積極性も高いことが示された。その一方，日本事情 (日本経済，政治等に関わるニュース) への関心が高いほど，異文化理解の欲求に基づく動機づけが低く，交流にも消極的であることが明らかとなった。この結果から，文化的・社会的関心が動機づけを向上させる傍らで，日本に関する否定的な報道が動機づけを低下させていることが示唆された。Teo et al. (2019) は，日本語教育関係者はメディアというマクロな環境が学習に負の影響を与えていることを認識し，その影響を緩和するための対応を模索する必要があると指摘している。

　また Gao & Lv (2018) では，中国の日本語学習者にインタビュー調査を行い，学習経験や日本に対する認識を回顧的に語ってもらっている。対象者の学習開始時期 (1980 年代，1990 年代，2000 年代) は異なっていたが，ほとんどの場合，歴史ドラマやドキュメンタリー，学校教育等により日本人に否定的な印象を抱いており，当初の動機づけは低かっ

た。しかし，日本文化や製品，日本社会の慣習などを知るにつれて態度が肯定的に変わるとともに，日中双方の社会に対する視野が広がり，学習に対する動機づけが高まっていた。また調査対象者は，日本人は謙虚さ，礼儀正しさ等の資質を持っていると考えており，日本語を学ぶことでそのような資質を取り入れることをイメージしていることも示された。学習者が日本人の資質（と考えられるもの）を第二言語の理想自己に取り入れようとすること，そしてそれが日本語学習に対する動機づけにつながることは，Nomura & Yuan (2019) による香港で行われた調査でも指摘されている。ただし，日本語学習者が抱く理想自己に関して，ニュージーランドの調査 (de Burgh-Hirabe, 2019) では異なる結果が得られており，環境により異なる自己が形成されると考えられる。したがって，さらに調査を蓄積する必要はあるが，上述のような研究では，学習者が置かれた社会状況を踏まえながら，英語学習者とは異なるLOTEs の特性を明らかにしており，日本語学習者に対する調査を基盤とした新たな動機づけ研究の展開を見ることができる。

　さらに今後は，日本語学習者が持つ複言語に対する動機づけにも，より着目していく必要がある。英語が国際的な言語となる中で，日本語学習者のほとんどが英語学習の経験を有しており，将来の職業でも英語を必要とする可能性はある。しかし，同時に複数の言語を学ぶ場合，言語間で混乱が生じたり，各言語の学習にかける時間や労力を調整する必要に迫られたりすることが考えられる。Nakamura (2019) では，韓国の日本語学習者について，英語学習が優先されることにより日本語学習に対する動機づけが低下する場合があることを報告しているが，同時に，英語の影響を否定的に捉えるのではなく，英語が必須の社会スキルとなっている国では，日本語の授業でも英語を取り入れることを提案している。それに対して Minagawa & Nesbitt (2021) では，学習者が複言語話者である場合であっても，教室での英語使用については慎重な意見を提示している。Minagawa & Nesbitt (2021) は，ニュージーランドの高等教育機関の日本語コースでは，英語が第一言語 (L1) ではないアジ

ア人留学生が多いという現状を報告し，日本語クラスは彼らにとって特別な役割を果たしていると指摘している。アジア人留学生たちは高い英語力が必要な他科目では英語母語話者と比べて不利だと感じているが，日本語科目ではそのような感情を抱かなくてすむことから自信を持って参加することができるという。

　以上のように社会的，文化的文脈によって複数の言語を同時に学ぶことに対する動機づけや，教室での複言語使用に対する認識は異なるといえる。また長期に渡る学習プロセスにおいては，各言語に対する動機づけや言語間の相互関係も変化していく。今後は，このような複言語話者特有の動機づけの実態を把握するとともに，それらの知見を活かした新たな教育実践を模索していくことが課題となる。また上記では主に英語が日本語に及ぼす影響について述べたが，学習者の L1 など英語以外の言語との関係についても調査を進める必要がある。どのような教育活動・教材において，どの言語を活用することが動機づけ向上につながるのか，具体的な教育実践の観点から模索していくべき点は多いといえる。

参照文献

大西由美 (2010).「ウクライナにおける大学生の日本語学習動機」『日本語教育』147, 82–96.

郭俊海・大北葉子 (2001).「シンガポール華人大学生の日本語学習の動機づけについて」『日本語教育』110, 130–139.

菊地恵太 (2015).『英語学習動機の減退要因の探求：日本人学習者の調査を中心に』ひつじ書房.

来嶋洋美・鈴木庸子 (2003).「独習による日本語学習の支援：その方策と ARCS 動機づけモデルによる評価」『日本教育工学雑誌』27 (3), 347–356.

許晴 (2018).「中国における日本語専攻学習者の専攻の振り分けによる動機減退要因の比較」『日本語教育』169, 46–61.

倉田尚美 (2018).「移動する青年のことばとアイデンティティ：オーストラリアで継承日本語を学ぶ学生の事例から」川上郁雄・三宅和子・岩﨑典子 (編)『移動とことば』(pp. 39–62). くろしお出版.

小林明子 (2014).「中国人留学生の日本語学習に対する動機づけの形成過程：日本における将来像との関連から」『異文化間教育』40, 97–111.

中井好男 (2018).『中国人日本語学習者の学習動機はどのように形成されるのか：

M-GTA による学習動機形成プロセスの構築を通して見る日本語学校での再履修という経験』ココ出版.

根本愛子 (2016).『日本語学習動機とポップカルチャー：カタールの日本語学習者を事例として』ハーベスト社.

馬場今日子・新多了 (2016).『はじめての第二言語習得論講義：英語学習への複眼的アプローチ』大修館書店.

廣森友人 (2006).『外国語学習者の動機づけを高める理論と実践』多賀出版.

廣森友人 (2014).「ダイナミックシステム理論に基づいた新しい動機づけ研究の可能性」『The Language Teacher』38 (3), 15–18.

藤田裕子 (2015).「学習者の内発的動機づけを高める授業実践の効果」『Obirin today：教育の現場から』15, 73–88.

守谷智美 (2002).「第二言語教育における動機づけの研究動向：第二言語としての日本語の動機づけ研究を焦点として」『言語文化と日本語教育　増刊特集号　第二言語習得・教育の研究最前線　あすの日本語教育への道しるべ』315–329.

守谷智美 (2020).『外国人研修生の日本語学習動機と研修環境：文化接触を生かした日本語習得支援に向けて』明石書店.

八島智子 (2019).『外国語学習とコミュニケーションの心理：研究と教育の視点』関西大学出版部.

山田剛史・井上俊哉 (編) (2012).『メタ分析入門：心理・教育研究の系統的レビューのために』東京大学出版会.

楊孟勲 (2011).「台湾における日本語学習者の動機づけと継続ストラテジー：日本語主専攻・非専攻学習者の比較」『日本語教育』150, 116–130.

羅曉勤 (2005).「学習者のモチベーションを研究する」西口光一 (編著)『文化と歴史の中の学習と学習者：日本語教育における社会文化的パースペクティブ』(pp. 189–211). 凡人社.

Al-Hoorie, A. H. (2018). The L2 motivational self system: A meta-analysis. *Studies in Second Language Learning and Teaching, 8*(4), 721–754.

Block, D. (2003). *The social turn in second language acquisition.* Edinburgh University Press.

Boo, Z., Dörnyei, Z., & Ryan, S. (2015). L2 motivation research 2005–2014: Understanding a publication surge and a changing landscape. *System, 55,* 145–157.

Chan, L., Dörnyei, Z., & Henry, A. (2014). Learner archetypes and signature dynamics in the language classroom: A retrodictive qualitative modelling approach to studying L2 motivation. In Z. Dörnyei, P.D. MacIntyre, & A. Henry (Eds.), *Motivational dynamics in language learning* (pp. 238–259). Multilingual Matters.

Claro, J. (2019). Identification with external and internal referents: Integrativeness and the ideal L2 self. In A.H. Al-Hoorie & P.D. MacIntyre (Eds.),

Contemporary language motivation theory: 60 years since Gardner and Lambert (1959) (pp. 233–261). Multilingual Matters.

Crookes, G., & Schmidt, R. W. (1991). Motivation: Reopening the research agenda. *Language Learning, 41*(4), 469–512.

Csizér, R., & Dörnyei, Z. (2005). The internal structure of language learning motivation and its relationship with language choice and learning effort. *The Modern Language Journal, 89*(1), 19–36.

de Burgh-Hirabe, R. (2019). Motivation to learn Japanese as a foreign language in an English speaking country: An exploratory case study in New Zealand. *System, 80,* 95–106.

Deci, E. L., & Ryan, R. M. (Eds.)(2002). *Handbook of self-determination research.* University of Rochester Press.

Dörnyei, Z. (1994). Motivation and motivating in the foreign language classroom. *The Modern Language Journal, 78*(3), 273–284.

Dörnyei, Z. (2000). Motivation in action: Towards a process-oriented conceptualisation of student motivation. *British Journal of Educational Psychology, 70*(4), 519–538.

Dörnyei, Z. (2001a). New themes and approaches in second language motivation research. *Annual Review of Applied Linguistics, 21,* 43–59.

Dörnyei, Z. (2001b). *Motivational strategies in the language classroom.* Cambridge University Press.

Dörnyei, Z. (2009). The L2 motivational self system. In Z. Dörnyei & E. Ushioda (Eds.), *Motivation, language identity and the L2 self* (pp. 9–42). Multilingual Matters.

Dörnyei, Z. (2014). Researching complex dynamic systems: 'Retrodictive qualitative modelling' in the language classroom. *Language Teaching, 47*(1), 80–91.

Dörnyei, Z., & Al-Hoorie, A. H. (2017). The motivational foundation of learning languages other than Global English: Theoretical issues and research directions. *The Modern Language Journal, 101*(3), 455–468.

Dörnyei, Z., & Chan, L. (2013). Motivation and vision: An analysis of future L2 self images, sensory styles, and imagery capacity across two target languages. *Language Learning, 63*(3) 437–462.

Dörnyei, Z., & Ushioda, E. (2011). *Teaching and researching motivation. 2nd edition.* Pearson Education.

Dörnyei, Z., & Ushioda, E. (2021). *Teaching and researching motivation. 3rd Edition.* Routledge.

Dörnyei, Z., MacIntyre, P. D. & Henry, A. (Eds.) (2014). *Motivational dynamics in language learning.* Multilingual Matters.

Gao, X., & Lv, L. (2018). Motivations of Chinese learners of Japanese in mainland China. *Journal of Language, Identity & Education, 17*(4), 222–235.

Gardner, R. C. (1985). *Social psychology and second language learning: The role of attitudes and motivation.* Edward Arnold.

Gardner, R. C. (2001). Integrative motivation and second language acquisition. In Z. Dörnyei & R. Schmidt (Eds.), *Motivation and second language acquisition,* (pp. 1–19). University of Hawaii Press.

Gardner, R. C., & Lambert, W. E. (1972). *Attitudes and motivation in second-language learning.* Newbury House.

Gardner, R. C., & MacIntyre, P. D. (1991). An instrumental motivation in language study: Who says it isn't effective? *Studies in Second Language Acquisition, 13*(1), 57–72.

Gardner, R. C., & Tremblay, P. F. (1994). On motivation, research agendas, and theoretical frameworks. *The Modern Language Journal, 78*(3), 359–368.

Guilloteaux, M. J., & Dörnyei, Z. (2008). Motivating language learners: A classroom-oriented investigation of the effects of motivational strategies on student motivation. *TESOL Quarterly, 42*(1), 55–77.

Henry, A. (2010). Contexts of possibility in simultaneous language learning: Using the L2 motivational self system to assess the impact of global English. *Journal of Multilingual and Multicultural Development, 31*(2), 149–162.

Henry, A. (2014). The motivational effects of crosslinguistic awareness: Developing third language pedagogies to address the negative impact of the L2 on the L3 self-concept. *Innovation in Language Learning and Teaching, 8*(1), 1–19.

Henry, A. (2017). L2 motivation and multilingual identities. *The Modern Language Journal, 101*(3), 548–565.

Hiromori, T. (2021). Are two heads better than one? Comparing engagement between pairs and individuals in an L2 writing task. *Language Teaching Research Quarterly, 21,* 66–83.

Hiver, P., & Al-Hoorie, A. H. (2019). *Research methods for complexity theory in applied linguistics.* Multilingual Matters.

Hiver, P., Al-Hoorie, A. H., Vitta, J. P., & Wu, J. (2021). Engagement in language learning: A systematic review of 20 years of research methods and definitions. *Language Teaching Research,* https://doi.org/10.1177/13621688211001289

Keller, J. M. (1987). Development and use of the ARCS model of instructional design. *Journal of Instructional Development, 10*(3), 2–10.

Kormos, J., & Préfontaine, Y. (2017). Affective factors influencing fluent performance: French learners' appraisals of second language speech tasks. *Language Teaching Research, 21*(6), 699–716.

Kormos, J., Kiddle, T., & Csizér, K. (2011). Systems of goals, attitudes, and self-related beliefs in second-language-learning motivation. *Applied Linguistics, 32*(5), 495–516.

Lambert, C., Philp, J., & Nakamura, S. (2017). Learner-generated content and engagement in second language task performance. *Language Teaching Research, 21*(6), 665–680.

MacIntyre, P. D., Clément, R., Dörnyei, Z., & Noels, K. A. (1998). Conceptualizing willingness to communicate in a L2: A situational model of L2 confidence and affiliation. *The Modern Language Journal, 82*(4), 545–562.

McEown, M. S., Noels, K. A., & Saumure, K. D. (2014). Students' self-determined and integrative orientations and teachers' motivational support in a Japanese as a foreign language context. *System, 45,* 227–241.

Mercer, S., & Dörnyei, Z. (2020). *Engaging language learners in contemporary classrooms*. Cambridge University Press.

Minagawa, H., & Nesbitt, D. (2021). Learning Japanese as a foreign language in New Zealand: Questioning the basic assumptions. In U. Lanvers, A. Thompson, & E. Martin (Eds.), *Language learning in Anglophone countries: Challenges, practices, ways of forward* (pp. 205–223). Palgrave Macmillan.

Moskovsky, C., Alrabai, F., Paolini, S., & Ratcheve, S. (2013). The effects of teachers' motivational strategies on learners' motivation: A controlled investigation of second language acquisition. *Language Learning, 63*(1), 34–62.

Mozgalina, A. (2015). More or less choice? The influence of choice on task motivation and task engagement. *System, 49,* 120–132.

Nakamura, T. (2019). *Language acquisition and the multilingual ideal: Exploring Japanese language learning motivation*. Bloomsbury Publishing.

Nomura, K., & Yuan, R. (2019). Long-term motivations for L2 learning: A biographical study from a situated learning perspective. *Journal of Multilingual and Multicultural Development, 40*(2), 164–178.

Oga-Baldwin, W. Q. (2019). Acting, thinking, feeling, making, collaborating: The engagement process in foreign language learning. *System, 86,* https://doi.org/10.1016/j.system.2019.102128

Poupore, G. (2014). The influence of content on adult L2 learners' task motivation: An interest theory perspective. *Canadian Journal of Applied Linguistics, 17*(2), 69–90.

Poupore, G. (2016). Measuring group work dynamics and its relation with L2 learners' task motivation and language production. *Language Teaching Research, 20*(6), 719–740.

Sampson, R. J. (2015). Tracing motivational emergence in a classroom language learning project. *System, 50*, 10–20.

Sasaki, M., Kozaki, Y., & Ross, S. J. (2017). The impact of normative environments on learner motivation and L2 reading ability growth. *The Modern Language Journal, 101* (1), 163–178.

Teo, T., Hoi, C. K. W., Gao, X., & Lv, L. (2019). What motivates Chinese university students to learn Japanese? Understanding their motivation in terms of 'posture'. *The Modern Language Journal, 103* (1), 327–342.

Tremblay, P. F., Goldberg, M. P., & Gardner, R. C. (1995). Trait and state motivation and the acquisition of Hebrew vocabulary. *Canadian Journal of Behavioral Science, 27* (3), 356–370.

Ushioda, E. (2001). Language learning at university: Exploring the role of motivational thinking. In Z. Dörnyei & R. Schmidt (Eds.), *Motivation and second language acquisition.* (pp. 93–125). University of Hawaii Press.

Ushioda, E. (2009). A person-in-context relational view of emergent motivation, self and identity. In Z. Dörnyei & E. Ushioda (Eds.), *Motivation, language identity and the L2 self* (pp. 215–228). Multilingual Matters.

Ushioda, E., & Dörnyei, Z. (2017). Beyond global English: Motivation to learn languages in a multicultural world: Introduction to the special issue. *The Modern Language Journal, 101* (3), 451–454.

Wang, Z., & Zheng, Y. (2021). Chinese university students' multilingual learning motivation under contextual influences: A multi-case study of Japanese majors. *International Journal of Multilingualism, 18* (3), 384–401.

Weiner, B. (1992). *Human motivation: Metaphors, theories, and research.* SAGE Publications.

Yashima, T. (2000). Orientations and motivation in foreign language learning: A study of Japanese college students. *JACET Bulletin, 31*, 121–133.

Yashima, T. (2002). Willingness to communicate in a second language: The Japanese EFL context. *The Modern Language Journal, 86* (1), 54–66.

Yashima, T., Nishida, R., & Mizumoto, A. (2017). Influence of learner beliefs and gender on the motivating power of L2 selves. *The Modern Language Journal, 101* (4), 691–711.

第 7 章

第二言語の習得とアイデンティティ

1. はじめに

1990 年代後半より応用言語学において第二言語 (L2) の習得と深く関わる重要な概念として,「アイデンティティ (identity)」が注目されるようになり, 2000 年代には Block (2007a) が「ブーム」と呼ぶほどアイデンティティについての研究が盛んになった。その理由として考えられるのは, まず, L2 研究における言語・認知的側面の偏重が問題視され, 社会的側面も重視する研究の必要性の意識が高まったことである。1990 年代頃までの L2 習得の研究においては「学習者」の認知的要因や第一言語 (L1) の知識が L2 の言語知識 (文法や語彙の知識) や認知プロセス (文理解や語彙認知) の発達にどのように影響するかについての研究が主流であったが, Firth & Wagner (1997) をはじめとする研究者が言語・認知の偏重に異議を唱えたことにより, L2 使用者の社会における位置づけや関係性も重視されるようになった。加えて, グローバル化に伴う人々の移動によって社会の多様化が顕著になり, 多くの人々がアイデンティティをめぐる葛藤を経験するようになったこと, さらに, 情報通信テクノロジーの発達によりヴァーチャルなコミュニティが創出されてオルタナティブなアイデンティティをも持つことが可能になったこともある (Block, 2007a; De Costa & Norton, 2020; Kramsch, 2013)。

　一般的には「アイデンティティ」というと,「日本人」や「アメリカ
人」といったアイデンティティが真っ先に連想されるかもしれないが,
後述するようにアイデンティティの捉え方は多岐にわたる。しかし, ど
のような見方のアイデンティティにも個人の「言語」・「ことば」[1]は深く
関わる。Block (2007b) が概観しているように, 1990年代以前も「アイ
デンティティ」とは必ずしも呼ばれないまでもアイデンティティ関連の
研究は行われていた。しかしながら多くの場合アイデンティティは個人
の固定的な属性としてアンケート等によって判断され, それがいかに
L2習得に影響するかについての研究に終始していた。それに対し, 現
在は, アイデンティティは動的で, ことばの習得・使用と相互に関係す
ると考えられている。すなわち, アイデンティティがL2習得を左右す
ると同時に, L2習得がアイデンティティに影響するのである。

　L2の習得をめぐるアイデンティティ研究で先駆的なNorton Peirce[2]
(1995, p. 13) も, ことばはL2学習者のアイデンティティの構成要素で
あると同時に, アイデンティティがことばを構成すると述べる。筆者の
専門領域の留学研究でも, 以前はアイデンティティに関わるジェンダー
などの個人差が留学中のL2習得を左右する一因として捉えられて研究
されることが多かったが, 近年は個々人のアイデンティティの変容が
L2習得や留学の成果の一環として研究されている (Benson, 2017;
Iwasaki, 2019)。

　第2節では, まずL2話者の社会性が注目されるようになった契機と
されるFirth & Wagner (1997), そして, L2習得研究におけるアイデ
ンティティへの関心の高まりの引き金となったNorton Peirce (1995)
の社会的アイデンティティに関する論点を解説する。そのうえで多岐に
わたるアイデンティティの捉え方, 理論的枠組みを整理して, L2とし

1　本論では「言語」という表現は「○語」と命名される, いわば確立した境界線がある
と捉えられる言語を指す場合に用い, その他の場合は「ことば」という表現を用いる。

2　1995年の論文は Bonny Norton Peirce, 以降の論文や書籍は Bonny Norton の名で出版
されている。そのため1995年を含む論考を指す場合は, Norton (Peirce) と表記している。

ての日本語習得とアイデンティティに関わる研究動向をまとめる。最後に第3節では，アイデンティティと L2 日本語習得・L2 日本語使用の研究の残された課題や新たな研究視点を論じる。

2.　アイデンティティと L2 習得研究の概観

2.1　L2 習得研究におけるアイデンティティの問題

2.1.1　Firth & Wagner (1997)：「L2 学習者」というアイデンティティ

　応用言語学における言語・認知の偏重に真っ向から異議を唱えた Firth & Wagner (1997) は，L2 習得研究の根本的な概念に問題があることを指摘して是正を求めた。その指摘の中に「学習者」と「非母語話者」という概念がある。Firth & Wagner は，L2 習得研究において L2 を習得する当事者が「学習者」あるいは「非母語話者」という，能力が不完全な存在というアイデンティティのみで捉えられていることを問題視する。それらの研究では主に「学習者」がどのような L2 知識を脳内に獲得するかを調査しており，当事者が L2 を使用してそれぞれのコンテクストやインターアクションに参加する社会的な主体であることは考慮されない傾向があることを指摘した[3]。

2.1.2　Firth & Wagner (1997)：「非母語話者」vs.「母語話者」

　ことに Firth & Wagner (1997, pp. 291–292) は，「非母語話者」と「母語話者」というアイデンティティの二項対立の問題を以下の点を挙げて厳しく批判した。(a) 母語話者はすべてを知る完璧な存在で，非母語話者の L2 使用はその「絶対的基準」と比較されている。(b) 非母語話者は L2 能力において無条件に従属的な立場に置かれ，(c) 母語話者と非母語話者のコミュニケーションは異例で問題をはらむという先入観を持って分析される。(d) どちらのカテゴリー内の個々人も均質的に捉えられ，それぞれの個人の多言語資源などは考慮されない。(e) 当事者に

3　本章では，L2 を学習・使用する人々を指すために「L2 使用者」という表現を用いる。

とって重要ではない非母語話者というカテゴリーばかりが重視され，当事者にとってより意味のある様々なアイデンティティ(例えば，父，男，友，夫，同僚，教師，専門家など)が当事者にあることが考慮されない。(f) L2習得のためには非母語話者同士のインターアクションより母語話者とのインターアクションのほうが望ましいというモノリンガルな前提があり，現実的には非母語話者同士のコミュニケーションが頻繁に行われていることが考慮されていない。(g) 非母語話者同士のコミュニケーションを研究する際には母語話者同士のコミュニケーションが基準とされて比較が行われる。このような研究においては，本来対話は両者が共同で様々なリソースを使って遂行するもので個人の能力の問題だけではないにも関わらず，コミュニケーションが滞れば「L2学習者」である非母語話者の発話に語彙や文法などの欠陥があることが前提とされて分析される傾向がある。

　Firth & Wagnerが問題視した「非母語話者」と「母語話者」の二項対立は現在もL2の習得・使用・教育で問題として認識されているイデオロギーである(例えば，田中, 2013; Liddicoat, 2016; Maa & Burns, 2021; Pizziconi & Iwasaki, to appear)。

2.1.3　Norton Peirce (1995)：社会的アイデンティティ

　Norton (Peirce) (1995, 2000, 2013)が注目した「社会的アイデンティティ (social identity)」もL2研究に多大な影響力があった。Norton (Peirce) は，カナダに移住した5名の女性を縦断的に研究し，5名の多様な社会的アイデンティティとL2習得の関係を論じている。Norton (Peirce) は，社会的アイデンティティは「人が自分と世界との関係性をいかに理解しているか，その関係が時間や空間を通してどのように構成されるのか，そして，人が自分の将来的可能性をどのように理解しているか」(Norton, 2013, p. 4) であるとし[4]，社会的アイデンティティに複

4　本章の英語文献の日本語による直接引用はすべて筆者の訳である。

数性と変動性があること，そして，社会的アイデンティティが葛藤のあ
りかであることを強調している。例えば，カナダに移住したチェコスロ
バキア出身[5]の Martina という女性の場合には，「移民」，「母」「(英語)
学習者」「労働者」「妻」，そして，家賃の交渉をするなど家庭を支える
'primary caregiver' であることが社会的アイデンティティを形成し，
L2 使用に関わっていた。Martina は母国ではプロフェッショナルな
キャリアを持っていたが，カナダでは，英語が不得手なためファスト
フード店の仕事にしかつけず，キッチンの単純労働をするだけで，英語
を使う機会を得ることは難しかった。しかし母として，primary
caregiver として家庭を支えるために奮い立って英語を学習して大家と
賃貸契約の交渉などを遂行した。Norton (Peirce) はこのような L2 の
使用は単に語彙や文法の言語体系の使用ではなく社会的実践であり，不
均衡な力関係をはらむ複雑な社会的構造における個々人の社会的アイデ
ンティティや願望の交渉であると述べる。L2 使用者が L2 を使用する
ときには単に情報交換をしているのではなく，常に自己が何者なのか，
そして社会とどのように関わるのかを編成したり再編成したりすると述
べる (Norton Peirce, 1995, p. 18)。

　したがって L2 使用者が L2 を使用する機会を得るか否か，また，ど
のような機会を得るのかは，それぞれの L2 使用者の社会的アイデン
ティティに左右されると同時に，L2 使用者が自らの社会的アイデンティ
ティによって L2 を使用して発言の機会を獲得することもある。Norton
Peirce は，L2 使用者が自分の社会的アイデンティティの構築のために
L2 習得・実践に力を注ぐことを投資 (investment) と呼び，動機づけを
理解する概念として提唱した。目標言語の L2 が主に使用されるコミュ
ニティにおいても L2 を使用する機会が自ずとすべての L2 使用者に公
平にあるわけではなく，社会の制約に対抗する L2 使用者の投資によっ
て実現するのである。この投資の概念は，自己が獲得を願望するアイデ

5　Martina は 1989 年にチェコスロバキアからカナダに移住したが、チェコスロバキア
は 1993 年にチェコとスロバキアに分離した。

ンティティへの投資とも解釈される（川上, 2013; 三代, 2013）。

2.2 「アイデンティティ」の捉えられ方

　「アイデンティティ」は，様々な観点から捉えられ，定義が難しいと
される。Block (2007b) は「多層的な現象であり，長期的に有効なアイ
デンティティの見方のリストや定義に至るのはまず無理である」
(p. 187) とまで述べている。さらに，"one's sense of self" や動機づけ
研究で注目されるセルフ (self) など，ほぼ同義と認められる用語もあ
り，「アイデンティティ」という用語が使われずともアイデンティティ
関連の現象を扱っている研究もあるうえ，類似の概念も数多くある。ま
た，アイデンティティを L2 の習得や使用に影響する個人の属性や性質
のカテゴリーと捉えるのか，L2 習得・使用がもたらす個人の自己意識
や自己表現として捉えるのかという視点の違いもある。

　以下，まず，応用言語学におけるアイデンティティ研究の理論的枠組
みを概観する。そのうえで Block (2007b) が挙げた7つの観点のアイデ
ンティティ，さらに，それらに関連して L2 日本語習得・使用に密接に
関わるアイデンティティのカテゴリーを挙げて説明する。次に，
Benson et al. (2012) が留学中の L2 習得・使用によって L2 使用者とし
てのアイデンティティが形成されるのかを見るために提唱した「L2 ア
イデンティティ」を紹介し，さらに，マルチリンガル・複言語・複合言
語アイデンティティの捉え方を見る。

2.2.1　アイデンティティ研究の理論の概観

　1990 年代頃までの L2 習得の研究は言語学や認知心理学の知見と方法
に基づくことが多かったが，L2 習得に関わるアイデンティティの研究
は，社会に密接に関わる社会学や文化人類学の領域の知見に基づいて発
展してきた。近年の L2 使用者のアイデンティティに関する研究の理論
的な枠組みとしては，ポスト構造主義，社会構築主義が主流である
(Block, 2007a, b)。ポスト構造主義は，普遍的かつ不変の構造を超え

て，可変的で複雑な，人間性・価値・世界を追究する理論である。アイデンティティは，個人がなんらかの地理的または心理的移動を経て新たな社会文化環境に置かれたときに揺らぎ，葛藤を経験して変容し，形成されていく。Block (2007a) は，個人の選択肢には社会構造 (social structure) による制約があるにも関わらず，葛藤の解決において個人的な行為主体性 (agency) (行動を起こす主体的能力) が過度に強調されることがあると指摘している。一方，個人のアイデンティティはインターアクションや社会構造などの環境から制約を受けると同時に，アイデンティティそのものがインターアクションや社会構造などの環境に働きかけて変化をもたらすとも述べる (Block, 2007a, p. 865)。

　アイデンティティが個人的な行為主体性のみによって構築されることはないという考え方は，個人の学びを認知人類学と教育論の視点から捉え，実践コミュニティ (Community of Practice,「実践共同体」とも訳される) への正当的周辺参加 (legitimate peripheral participation) として論じた状況学習論 (Lave & Wenger, 1991; Wenger, 1998) にも見られる。この視点での学びは，学校や職場などにおいて新参者がまず正当的ではあるものの周辺的な参加を通して新しい活動に携わってタスクを遂行することで理解を高め，十全に参加するコミュニティの一員になることである。学びにより個々人のアイデンティティが変容すると同時に，コミュニティを再生したり変化させたりする。すなわち，学びは参加による全人的なアイデンティティ構築のプロセスである。社会的参加は，「社会的コミュニティの実践において活発な参加者となり，それぞれのコミュニティとの関係性からアイデンティティを構築するプロセスを包含する」(Wenger, 1998, p. 3) のであり，個々人は自分が参加する様々なコミュニティ (家族，職場の同僚，学校の仲間) により，日ごと，場面ごとに異なるアイデンティティを経験する。

　アイデンティティ研究の理論的枠組みとしては，他にも文化人類学で研究される言語社会化 (Language Socialization, Ochs, 1993)，社会学的な相互行為の分析である会話分析 (Conversation Analysis, Sacks, 1972)，

発達心理学（Vygotsky, 1978）の理論をL2の習得に応用した社会文化論（sociocultural theory, Lantolf, 2000）などがあり，多岐にわたる。

2.2.2　関連用語・概念

　アイデンティティ研究の理論にも関係するが，アイデンティティの類義語または同義語扱いで論じられる概念がいくつかある。用語によっては，研究者によって多少異なる意味付けがされることもあるので注意を要する。

　マルチリンガルな主体を論じたKramsch（2009）は，自らの「主体」の捉え方に基づき，「主観性（subjectivities）」と「主体の位置（subject position）」を定義する。Kramschは，ポスト構造主義の観点から主体（subject）を「個人が経験したことばの主観的側面と言語習得の過程で進行中の自身」とし，主体はシンボリックなものであり，言語資源をはじめとする象徴記号（シンボル）の体系を通して構築され，維持されるとする（p. 17）。そして，「主体の位置」を，「主体が象徴記号の体系を用いて自身を言説的，心理的，社会的，あるいは文化的に表現する様」（p. 20）と定義した。「主観性」は，「象徴的形式で媒介される意識的または無意識的な自己の認識」（p. 18）で，環境の中で他者とのディスコース（対話）の中で形成されると述べる。

　また，ディスコースの中で対話する両者が自己と他者の位置づけをする行為はポジショニング（positioning, Davies & Harré, 1990）と呼ばれ，両者のポジショニングにより，対話の中で互いにアイデンティティを構築していくと考えられている。

2.2.3　多様な観点からのアイデンティティ

　一般的に想起される，「日本人」や「アメリカ人」といったアイデンティティは，ナショナル・アイデンティティ（national identity），文化アイデンティティ（cultural identity）や民族アイデンティティ（ethnic identity）と密接に関わる。これらのカテゴリーは，カテゴリーの成員

がなんらかの性質を共有するという，本質主義的な捉え方で扱われることが多い。

Block (2007b) は，社会学におけるアイデンティティを概観し，上述の見方のほかに，人種，移民，ジェンダー，社会階級，言語アイデンティティを加えた7つのアイデンティティを挙げている。Blockも述べるように，近年応用言語学で主流なポスト構造主義や社会構築主義に基づく捉え方では，いずれのアイデンティティも固定的で安定したものではなく，断片的かつ可変的で矛盾に満ちた，多元的・多層的で複雑なものと考えられている。一般的には生物学的に自明で固定的と思われがちなジェンダー，人種，民族のカテゴリーも社会的に構築される概念と捉えられている。また，これらの複数の見方のアイデンティティは密接に関わり，ある個人のアイデンティティは1つの見方のアイデンティティだけを取り上げて論じることはできない。Blockは，アイデンティティはL2習得の鍵であるとし，人は空間的，心理的，文化的な移動により馴染みのない環境に置かれたとき，自問・葛藤して，アイデンティティ交渉をすると述べ，移住，外国語としてのL2学習，留学という3つのコンテクストのL2習得とアイデンティをめぐる研究を概観する。

ここで挙げられた7つの観点のアイデンティティのほかにも，社会階級に関係する職業や，家族や職場における役割など，アイデンティティのカテゴリーは枚挙にいとまがないともいえる。

2.2.4　L2日本語に深く関わるアイデンティティ

前述のどの見方もL2日本語の習得や使用にも深く関わるが，ここでは，2.3の研究動向などでも取り上げられるL2日本語の研究において特に注目すべき，問題となりうるカテゴリーをいくつか挙げて説明を加える。

まず，メディアでも日常的に取り上げられる，「日本人」というカテゴリーは，日本を単一民族国家であると考え，言語と文化をも単一に捉える「日本人＝日本文化＝日本語」の言説とあいまって，ナショナル・

アイデンティティ，文化アイデンティティ，民族アイデンティティのどれをも包含するカテゴリーといえる。一方，「日本人」に対して，異質な「外国人」（あるいは「ガイジン」）というカテゴリーが二項対立を成すように思われ，「外国人」は特に「白人」という人種と関連づけられがちである。白人である L2 日本語使用者のアメリカ人留学生が敢えて無知なガイジンを装うことで特別に優遇されたり，逸脱した行動を容認されたりすることがあるとも報告されている（Iino, 2006; Kumagai & Sato, 2009）。その一方，常によそ者とみなされることが，日本社会のコミュニティの成員としての十全な参加を難しくすると考えられる。

「日本人」・「外国人」が二項対立的に捉えられることで葛藤が起こりがちなアイデンティティのカテゴリーとして，いわゆる「ハーフ」や「日系人」がある。両親の出身国や人種が異なる「ハーフ」「ミックス」または「ダブル」と呼ばれる人々は日本国内外で増加傾向にあり，メディアで取り上げられることも多いが，複雑かつ曖昧なカテゴリーである。また，1990 年以降，多数の南米からの日系人が日本に滞在し始めたことにより，日系人の存在が日本国内で顕在化した。「日系人」の場合も，やはりナショナル・アイデンティティ，民族アイデンティティ，文化アイデンティティが絡む複雑なアイデンティティである。さらに出稼ぎで来日する日系人の場合は，日本では工場労働に携わるなど L2 日本語使用の機会が限定的なことが多いことも L2 使用・習得に影響すると考えられる。Block（2007b）が見逃されがちであると指摘した社会階級カテゴリーも検討する必要があるだろう。

「ハーフ」や日系人は日本国籍も持つ日本人であることも多く，ほかにも海外生まれや海外育ちの「日本人」が少なからず存在する。いずれの場合も，日本名や日本人の外見を持つことが L2 としての日本語を使用する際の障壁ともなる（2.3 の倉田, 2018; 鄭, 2012）。「ハーフ」や「日系」も，ポスト構造主義では理論的には個人の持つ既存の固定的属性とは捉えないが，当事者自身が民族や文化の本質主義に基づいて既存のアイデンティティとして捉えることがある（例えば，Takei, 2021）ことに

も留意する必要があるだろう。アイデンティティ・カテゴリーは，川上 (2013) が「名付け」[6]とも呼ぶもので，いずれの名付けも他者の視点から個人をある属性を共有する集団の成員として捉えてしまうことで，個々人の経験や自己意識を捉えにくくする危険をはらむ。

2.2.5　L2アイデンティティ

2.2.3-2.2.4 では，L2使用・習得に関わりうると考えられるアイデンティティのカテゴリーを挙げたが，2.2.5-2.2.6 では，L2使用・習得がもたらすアイデンティティ関連の変容を見るための概念を説明する。

Benson et al. (2012) の研究の焦点は，留学中のL2の習得や使用によるアイデンティティの変容，すなわちL2アイデンティティ（second language identity）の発達である。Benson et al. の論じるL2アイデンティティの概念は，留学のみならず，L2習得とアイデンティティの関係についての研究に有用であると思われる。Benson et al.(2012, p. 174) は，アイデンティティに様々な定義があることに触れたうえで，L2アイデンティティを「個人のL2知識や使用に関連するアイデンティティの側面」と定義し，3つの側面を挙げる。その3つの側面とは，「アイデンティティに関わるL2能力 (identity-related aspects of L2 proficiency)」，「言語の自己意識 (linguistic self-concept)」，「L2を媒介とした個人的能力 (L2-mediated aspects of personal competence)」である。アイデンティティに関わるL2能力は，発話行為の遂行や文体の選択 (Iwasaki, 2010) などの語用論的能力 (pragmatic competence) など，自身が表明したいアイデンティティを表現できる能力である。2つ目の言語の自己意識は，主に自分の学習するL2使用への自信感を指し，L2アイデンティティの核となる。この側面の発達によって，「L2学習者」から「L2使用者」へのアイデンティティへの発達を遂げると考えられる。L2を媒介とした個人的能力は，L2を使用して問題解決するなどして自

6　川上 (2013) はさらに「中国帰国者」「在日コリアン」などの名付けを取り上げて，それぞれに関する研究の問題点を論じている。

立心が高まることなどを指し，若者が参加することの多い留学の研究で
は重要な側面である。

2.2.6 マルチリンガル・複言語・複合言語アイデンティティ

Benson et al. (2012) は，L2 を媒介としたアイデンティティの発達・
変容についての研究のためのモデルを示し，「L2 使用者」としてのアイ
デンティティを確立することを発達の 1 つの指標とした。その L2 アイ
デンティティの捉え方は，英語など，ある特定の目標言語を媒介とした
アイデンティティに限られていた。しかし，近年は多くの L2 使用者が
複数の言語資源を持つことを考慮し，複数の言語資源によるアイデン
ティティの構築や交渉の研究が盛んになっている。L2 習得のもたらす
認知・言語体系がモノリンガルとは異なることを示した Cook (1999)
は，L2 使用者は母語話者を超えると説く。L2 使用者は，メタ言語知識
や言語資源の豊かさなどにおいてモノリンガル L1 使用者を超え，さら
に，言語間・文化間の仲介者ともなり得るのである。したがって L2 日
本語教育で目指すべきは L2 使用者が「日本人のように」日本語を使う
ことではなく，L1 や L2 の複合的知識を活かせることであるという理解
が多くの L2 研究者の間では受け入れられるようになった。

さらに，ある L2 を学習する個人がすでに別の L2 を学習したり使用
したりしていることは多く，それぞれの L2 を学習するモチベーション
は，その複数の学習言語ステータスにも左右される。それにも関わら
ず，近年まで研究課題として複数の学習言語の関係が取り上げられるこ
とはあまりなかった。Henry (2017) は，モチベーション研究で
Dörnyei (2009) が提唱した L2 セルフシステムを発展させ，複数の言語
を学習する学生のマルチリンガル・セルフシステムを提唱した。
Dörnyei の L2 セルフのうち，L2 理想自己 (L2 を使う自己像) をイメー
ジできることが動機を高める鍵となるが，複数の学習言語 (仮に L2,
L3) がある場合，L2, L3 をめぐる理想自己の相互関係により，L2 や
L3 の習得・使用への動機が変動する。例えば L2 英語を学習して L3 日

本語を学習する場合，L3日本語への動機づけは，イメージするセルフがL1とグローバルで有用なL2英語の理想自己なのか，L1，L2，L3のマルチリンガルな理想自己なのかなどにもよる。

　岩﨑（2021）およびIwasaki（2021）は，英国から日本に留学生した大学生の留学前・留学中・留学後の言語ポートレート（自分の言語を，それぞれにふさわしいと思う色で身体の線画に位置づけて描く）を比較した。英国で生まれたトルコ系の学生は家庭言語であるトルコ語とL2日本語の知識が自分の中で競い合っていると感じたり（岩﨑2021），英語がL2のスロバキアの学生は日本でも留学生寮で使用するL2英語への意識が高まったり（Iwasaki, 2021）するなど，L2日本語の調査だけでは捉えられなかった日本留学中の言語意識の側面が見られた。

　Kramsch（2009）は，複数の言語を使用するマルチリンガルについて論じ，ある外国語を学習することで，外国語の音声，リズム，意味，クールさなどに魅了され，それらを介して内的にアイデンティティを生成し，新たな世界において日常の自分とは異なる何者かになることができると論じる。この観点ではL2を習得することは，社会から押し付けられた現実のアイデンティティと同等にリアルな想像上のアイデンティティを構築することとも考えられるという。

2.3　近年のL2日本語をめぐる研究

　ここでは，2.2を踏まえ，Block（2007b）に倣って主に近年のL2日本語使用者のアイデンティティをめぐる研究を，日本国外の「外国語」としての日本語学習，留学，移住という3種類の環境に分けて概観する。国外の日本語学習は，さらにブログやCMC（Computer Mediated Communication）などの情報通信テクノロジーを用いた実践にも分けて近年の研究を見る。そのうえで，このような環境別の捉え方の問題点を論じ，ライフストーリーやインタビューで当事者を追う研究を概観する。

2.3.1　海外での日本語学習

　海外の L2 日本語の習得研究でアイデンティティが取り上げられることが多いのは，L2 日本語が継承言語（heritage language）の場合である[7]。すなわち，L2 使用者の親族が日系人または日本人である場合である。なお，場合によって継承日本語が L2 なのか，複数の L1 のうちの1 つなのかの判断が難しいことも，彼らの状況の曖昧さや複雑さを物語っている。

　倉田（2018）はオーストラリアで日本語を学習していた3名（2名は母親が日本人の「ミックス」，1名は両親が日本人である「日本人」）を対象としたインタビューのデータを Dörnyei（2009）の L2 セルフシステムに基づいて，L2 セルフと英日バイリンガル・セルフの「なりたい自分」と「なるべき自分」について調査し，多面的で複雑なセルフを明らかにした。3名とも L2 日本語使用者，英日バイリンガル両方の「なりたい自分」をキャリアや社会的アイデンティティに関連して思い描いていた。セルフの構築に影響した要因の1つは，外見からの周囲の期待と実際の日本語能力の不一致だった。ミックスとしての外見を持つ2名は，高い日本語能力を期待されないことへの反発が高い日本語能力を持つ「なりたい自分」を目指すことにつながった一方，海外育ちの日本人学生は，名前・外見から日本育ちの L1 話者と変わらない日本語使用を期待されて訪日時に奇異の目を向けられることで日本語使用への意欲を削がれつつも，日本語能力の高い「なるべき自分」のために学習意欲が駆り立てられたという。

　Takei（2021）は，外国語として継承日本語を学習することの多い「ミックス」の学生の理解を高めるため，日本人の母または父を持つ14名のカナダの若者が自分たちにとっての日本語・日本文化・民族性の意味付けをいかに行っているかを，インタビューと，それぞれの協力者が提出したバイオグラフィ・エッセイ，写真をデータとして調査した。協力者は自ら好んで「half Japanese」と名乗ることが多く，L1 日本語話

7　日本生まれ，日本国籍で幼少時に海外に移動した場合などもあるため，当事者にとっても日本語が L2 なのかどうかの判断が難しい場合がある。

者と比較して自分の日本語能力が「彼ら」L1 話者に及ばなくとも，日本語は自分の文化の一部であると考えており，本質主義的な伝統文化・言語の考えも取り込んで新たな自分たちの文化を創造していると報告している。

　上述の倉田 (2018) は，英語圏の若者を対象としており，3 名とも日英バイリンガルとしてのスキルを生かす「なりたい自分」の理想像を描いていたが，L2 英語の学習が重視される非英語圏の場合は，個々人のL2 英語の動機との関係も念頭に L2 日本語学習への動機づけを研究する必要があるだろう。Nakamura (2019) は，オーストラリア，韓国の大学で中級・上級の日本語を学習する大学生 (14 名，12 名) を対象に 7 か月の間隔で 2 回のインタビューを行い，L2 セルフシステムの観点から動機づけを分析した。韓国の大学生の場合，特に就職を身近に感じるようになってからはグローバル言語としての英語の影響が大きく，L2 日本語学習への動機づけの維持はマルチリンガル話者の理想像を描いているかどうかにかかっていた。

　一方，海外で日本語を学習することが L2 使用者となることとは異なる，別のアイデンティティの構築とつながる場合もある。野村・望月 (2018) は，競争を強いる抑圧的な教育文化の香港で，大学進学前に日本語を学習する年少者 (12 名) にとって日本語学校，学校の課外活動の日本語クラブでの日本語学習が，学校で受ける抑圧に抵抗する「対抗的アイデンティティ」(Canagarajah, 2004) の構築の基盤となる居場所，「心の拠り所」となっている可能性を報告した。日本語は大学入学資格試験の選択科目でもあり，保護者にとって「望ましい習い事」であるので，日本語学習の場は日本文化・日本語が趣味・興味の対象である年少者にとっては好きなことを自由にできる場で，逃げ場となるだけではなく，日本の大衆文化のファンとして「クールなオタク」や日本文化についてなら誰よりもわかる自分などのアイデンティティを構築して対抗しているという。

　日本語の学習や習得がグローバルなアイデンティティや，クールなア

イデンティティの獲得につながることが日本語学習の動機づけになることも珍しくない。Iwasaki (2021) では，スロバキア出身でイギリスの大学で日本語を専攻した Denisa が 13 歳で日本語学習を始めた当初の動機として，自分のグローバル・アイデンティティを挙げ，ヨーロッパの言語とは大きく異なる日本語に惹かれたと語っていたことを報告した。また，日本語を学習することでクラスメートから注目されたことがさらに動機づけにつながったようであった。

2.3.2　インターネットによる L2 日本語使用

　日本国内・国外を問わず，インターネットを介して様々な形で L2 日本語の使用が可能になり，日本語の独学にも日本語教育にも生かされている[8]。ここでは国外でのアイデンティティ関連の実践についての報告を紹介する。

　Takamiya & Niendorf (2019) は L2 日本語使用者同士が協働で行う実践を報告している。米国とスウェーデンで日本語を学習する中・上級レベルの大学生 (7 名，3 名) がブログ (ポスト，コメント) やオンライン・ディスカッションで自分のアイデンティティについて省察し，リンガフランカとしての日本語を使って意見交換することで異文化間能力 (intercultural competence) を培う実践を行った。当初は自分のアイデンティティについてあまり考えたことのなかった学生も，アイデンティティの多面性・多層性に気づき，日本語能力をめぐる L2 アイデンティティを構築することによって異文化間能力も高まったと報告している。

　他にもアイデンティティをテーマとして扱った授業について，嶋津 (2017) が韓国の大学の日本語クラスの事例を報告している。嶋津は，上級レベルの学生 (27 名) が行った，アイデンティティをテーマにした自由なタイミングで発言できるオンライン・ディスカッションを分析した。その結果，学生はアイデンティティについての考えを言語化するこ

8　海外の独学者の数は，相当数であることが予想されるが，独学という性質上，独習者の所在もわかりにくく，実態を研究することは難題である。

とで，アイデンティティ（の概念）を再構成していくこと，「日本語を話すわたし」との距離感や感情を抱えてマルチリンガルな主体となる過程を共有したことを報告し，学生自身が自分のことばで自分のアイデンティティを表現することの意義を論じた。

　Maa & Burns（2021）は，米国で日本語を学習する大学生を対象にしたデスマス体・非デスマス体に関する研究の中で，外国語学習のためのオンラインのプログラム「HelloTalk[9]」を使って1学期間L1日本語使用者と交流するタスクを学生に課した。オンラインチャットのL2日本語の使用，その後の刺激想起（stimulated recall）のデータも分析し，参加者のうち中国系の学生のアイデンティティの葛藤について報告している。当初は日本語を「ネイティブのように」うまく使うよう努力してチャットのやりとりをしていたが，L1日本語使用者がHelloTalkで交流したいのは英語を使う（白人の）「外国人」であることに気づき，自分が中国語も使うことに関する話題を避け，敢えて日本語がうまく使えない「外国人」らしく装うようになった。その一方，「外国人」・「学習者」なら大目に見られると考え，おそらくL1使用者ならそうはしないであろうと思いながら，デスマス体を使うべきか迷っていた相手に対して，デスマス体を使うべきかどうかを直接相手に聞くというストラテジーを使った。Maa & Burns は，L2日本語使用者が相反するイデオロギー（ネイティブを目指すべきとするネイティブ規範，「外国人」＝日本語ができない英語話者）を経験する中で主体的にアイデンティティを選択することを報告したうえで，日本語教育においては日本人の期待する「外国人」ではない東アジア系のL2日本語使用者のニーズを考慮する必要性を示唆している。

2.3.3　留学

　アイデンティティが日本留学中のL2日本語使用にどのように影響す

9　https://www.hellotalk.com/?lang=en

るかに関わる先駆的研究は Siegal (1994, 1996) であろう。1年半にわた
るエスノグラフィー研究 (学習日記，観察，日本語使用の録音，本人と
交流関係のあった人々へのインタビューなどをデータとした) の対象と
なった4名の白人女性のうち，3名が留学中で，うち1名，Mary (年齢
は40代半ば) はニュージーランドの日本語教師として奨学金を得て留
学していた。3名の経験した社会的構造やインターアクションには人種
やジェンダーが大きく影響していた。外国人は敬語を使う必要がないと
聞かされたり，フォリナートークで語りかけられたりなどする一方，女
性は丁寧に話すべきであるという言説や女性のことば遣いに違和感を覚
えて抵抗を示し，自分のことばの選択 (デスマス体を使わないなど) を
していた。Mary の場合は，更に職業 (日本語教師) や年齢などのアイ
デンティティに関わる主観性が L2 日本語の使用に影響し，教師として
のアイデンティティ表明の願望などが教授とのインターアクションにお
けるモダリティ表現 (「でしょう？」) に見られた (Siegal, 1996)。Siegal
は，ジェンダー・人種・年齢・職業などのアイデンティティが周囲の
L1 使用者の L2 使用者への日本語使用にも，周囲がどのような日本語
の使用を L2 使用者に期待するのかにも影響すること，そしてそれぞれ
の L2 使用者が自分の表現したいアイデンティティによりことばの選択
をすることを示した。

　Iwasaki (2010) は，5名の米国出身の白人男性の留学前と留学後の日
本語のインタビューの中でのデスマス体と非デスマス体の使用およびデ
スマス体から非デスマス体へのシフトを調査した。その結果，留学前は
5名とも主にデスマス体を用いていたが，留学後には，2名が非デスマ
ス体を多用し，5名ともシフトが多く見られた。Iwasaki (2011) では，
その5名のうち4名に英語でインタビューし，留学中のどのような経験
が文体の理解や選択に影響したのか追跡調査して言語社会化理論に基づ
いて考察した。その中で，留学中の教師，ホストマザー，友人からの
フィードバックという言語使用への社会化を経験して文体を選ぶように
なったことを報告した。また，白人のアメリカ人男性であることにより

敬語や丁寧なことばを使うことが期待されず，逸脱した日本語使用も大目に見られると感じる一方，通常デスマス体が期待される初対面の場で，非デスマス体で話しかけられるという経験もしていた。留学すれば経験できるとされる「自然な」やりとりを必ずしも経験しなかったことになる。4名への周囲からの期待は似通っていても，それぞれ交流関係が大きく異なり，大目に見られても敬語やデスマス体を規範通りに使用することで自らのアイデンティティ表明をするという語りもあった。彼らの日本語のインタビューでの文体の使用 (Iwasaki, 2010) は，英語の回想インタビューで語られた文体の選択を反映しているようではあったが，留学後のデータに基づく考察であったため，留学中のL2日本語使用については明らかにできなかった。

　一方，Cook (2008) は，日本留学中の9人の米国および英国出身の学生が録画・録音したホストファミリーとの夕食時のやりとりのデータを用い，デスマス体の使用を言語社会化理論に基づいて分析した。Cookは，L1日本語使用者が，非デスマス体が通常使用される家庭などでのやりとりにおいてデスマス体の使用により責任者，発表者，教授者などの社会的役割のアイデンティティを構築することに注目し，学生のデスマス体の使用を分析した。その結果，家族からの示唆による言語使用への社会化と，自らの言語使用を介しての社会化により，社会的アイデンティティを構築して，デスマス体を使用する学生も観察された。しかし，ホストファミリーの中には，学生へフォリナートークを使ったり，常に教授役となって家庭内でもデスマス体を主に使ったりする場合もあり，外国人・非母語話者・学生アイデンティティがホームステイ環境の言語使用にも影響をもたらすことも明らかになった。

　L1日本語話者が外国人学生に対して教授役として振る舞うことは，Fukuda (2006) が会話分析の理論的枠組みで分析した中国人留学生（大学院生）とL1日本語使用者夫婦との会話でも見られた。留学生を異質な他者である「学習者」と位置づけた，L1日本語使用者の「（日本の文化を）勉強せんなんのでしょう？」，「ちょっと説明してあげて」などの

発話には優劣や力関係の構築が見られた。また，留学生は応答する側，日本文化について教授を受ける側というディスコース中のアイデンティティも構築されていた。Fukuda はその際，留学生がいかに否定し躊躇して抵抗を示したかを報告している。

　上述の Cook (2008) の文体をめぐる研究は，外国人・ジェンダーなどのアイデンティティのもたらす L2 使用環境を示すと同時に Benson et al. (2012) の提唱した L2 アイデンティティに関わる L2 能力（デスマス体を使っての社会的アイデンティティの表明の能力）の研究といえる。L2 日本語の使用では，文体の選択の他にも，特に男性の一人称代名詞，オレ・ボク・ワタシの選択が L2 使用者のアイデンティティ表明として研究されている。

　Hanaoka (2020) はポジショニング理論に基づき，日本の大学に学部留学中の男性の学生 2 名（韓国，香港出身）がほぼ同学年の学生（女性）との会話で，どのような一人称代名詞を使ったかを分析すると共に，インタビューで一人称代名詞について周囲からの言説や観察によりどのような理解をしていたのかを調査して言語社会化の考察も行った。2 名とも来日前はワタシを使っていたが，周りの男性の学生の影響でオレを使い始め，一旦は主にボクを使用するようになった。その後，代名詞の選択が面倒と感じたり混乱したりしてワタシだけを使うようにしていると語りつつ，実際にはワタシとボクを使い分けていることが観察された。アイデンティティ表明と関わる一人称代名詞の選択の複雑な習得過程を報告している。

　一方，Brown & Cheek (2017) は，日本滞在の経験のある 5 名の米国の白人男性を対象に，それぞれの 4 名の L1 日本語使用者（女性・男性の友人，初対面の女性・男性）との会話を分析し，インタビューも行って，一人称代名詞の選択に関する調査を行った。Brown & Cheek は，一人称名詞の選択は単に男らしさに関わるアイデンティティ表明を示すだけではなく，正当な日本語使用者としてのアイデンティティを構築したいかどうかにも関係していたと論じる。再び日本で生活する計画のな

い2名の中立的なワタシの選択は，「ガイジン」としてのアイデンティティの選択でもあり，間近に再び日本へ渡る予定がある1名の積極的な複数の代名詞の使い分けは，日本語話者としてのアイデンティティへの投資であると論じる。

2.3.4　移住

　移住して日本に住まうL2日本語使用者のアイデンティティの研究も数多くなされている。例えば，八木（2004）は，韓国出身で日本人の配偶者を持つ女性がL2日本語についてどのように考え，どのように使い，どのような社会的ネットワークとアイデンティティを構築しているのかをインタビューや観察によるエスノグラフィー研究で調査した。その女性は家庭内では力関係に制約されて，自由に日本語を使用できなくとも，スイミング教室で「本当の自分（おもしろい人）」を取り戻したと報告している。

　村田（2020）は，日本在住の日系の若者（ブラジル出身2名，ペルー出身1名）のナラティブの談話分析により語りの中のアイデンティティの表出を分析した。「ブラジル人」として，あるいは「スペイン語話者」として，日本社会において異質な存在として排除された経験を経て，違いを肯定的に捉える「両方のルーツを持つ人間」や（英語・日本語・スペイン語の）マルチリンガルなアイデンティティを構築していたことを報告している。

2.3.5　ライフストーリーと「移動の視点」

　分析方法は様々であるが，上述の村田（2020）のように語りをデータとする研究は数多く，ライフストーリーに基づく研究も多い。Block（2007b）に倣った環境別のアイデンティティ研究の捉え方では，L2話者がおかれる環境を基準にしているが，Brown & Cheek（2017）の協力者を例にとると，留学経験者に加え，英語教師や宣教師として日本で生活した「移住」経験者，さらに再度「移住」する意向の協力者も含まれ

ていた。すなわち，「外国語としての学習」，「留学」，「移住」という捉え方では，一定の場所における，時間軸の限られた範囲でのアイデンティティ構築しか見られないことになる。

　川上他 (2018) は，移動が常態であることを重視し，定住の視点（「天動説的研究」）ではなく，移動の視点（「地動説的研究」）を提唱した。例えば，川上 (2018) は，幼少期から現在に至る記憶がアイデンティティを形成することを念頭に，タイ生まれとドイツ生まれの2名の幼少期からの記憶の語りに基づいて，アイデンティティの構築と再構築を明らかにし，主体とそのアイデンティティの個別性，複合性と動態性を示した。

　日本の大学に留学中の日系アメリカ人のライフストーリー（鄭, 2012），専門学校留学中の韓国人のライフストーリー（三代, 2013），英国と日本の自称「ハーフ」の大学生の留学前・留学中・留学後の言語ポートレートと語り（岩﨑, 2018）でも，留学中のアイデンティティ形成だけではなく，留学前（の記憶）や留学後（の希望，夢）なども含めたライフにおける L2 日本語に関わるアイデンティティが調査されている。また，Iwasaki (2021) や岩﨑 (2021) では，2回の日本への留学を含む移動経験を持つ若者を約5年にわたって研究した。L2 習得・使用とアイデンティティの変容を研究課題とするなら，長い目で縦断的に移動の視点で見ることが重要であろう。

3.　今後の展望

　Block (2007a) が将来的方向性として挙げた方向性の中で，特に L2 日本語習得でさらに展開が期待されるものとして，社会階級や職業の重視，習得・使用する「言語」の見方の拡張が挙げられる。出稼ぎで工場労働に従事する日系南米人や東南アジア諸国からの技能実習生の場合は「日系人」「外国人」「ベトナム人」といったアイデンティティ・カテゴリーと同様に，あるいはそれ以上に社会階級，経済的ステータスに関わるアイデンティティが L2 習得・使用に影響すると思われる。また，介護・看護などの職業においては，「母語話者・非母語話者」「外国人」の

みならず，職場での地位（同僚・上司）や役割（看護する側・される側），年齢など様々なアイデンティティの交渉が見られるであろう。

　日本が「単一言語社会」であるという言説は未だ根強いが，日本国内にはいわゆる方言や地域語も多々あるわけで，それぞれのL2日本語使用者は，自らの言語資源を活用したり，自分の住まう地域の言語変種を使用したりしてアイデンティティ交渉も行うことになる。嶋（2021）は，関西の病院で働き，職場のポリシーで日本語使用を強要されるインドネシアとフィリピン出身（4名，2名）の看護助手を対象にエスノグラフィー研究を行い，看護助手間の英語・日本語（関西方言）の言語資源を用いた言語社会化のリアリティを報告している。仮にインドネシア看護助手のL1インドネシア語とL2（標準）日本語だけを念頭に日本語の使用・習得を研究したなら，現実の言語使用とは乖離してしまうのは明らかである。インドネシアやフィリピンという出身国が多言語社会であるためそれぞれが様々な言語資源を有していることや，日本各地の勤務地で使用されるのは多くの場合，「標準語」ではないなど，日々使用する語彙や表現は地域や職場特有のものが多いことが想像される。また，中井・ソーントン（2021）は日本国内の移動を重ねた英国出身のL2日本語使用者について，滞在した地域の方言を自己表現の重要な要素として取り込む事例を報告している。

　嶋（2021）も中井・ソーントン（2021）もL2言語使用者の複数言語資源の活用，トランスランゲージング（García & Li Wei, 2014）に注目しており，「言語」と「言語」に境界線を引かない「言語資源」としてのことばの捉え方の重要性が増している。尾辻（2011）は，オーストラリアの職場で英語と日本語資源を持つ話者が無意識にどちらの資源も使っている様子を報告して，言語・文化・エスニシティ・アイデンティティの構築過程を検証している。尾辻は，グローバル社会における日本語教育においては，言語使用場面で相手との交渉により自分のアイデンティティに合った言語環境を構築する動的な力を養うことの必要性を論じる。さらに尾辻（2016）は，生態言語学の知見に基づき，ことばの多様

性を有機的な複合体と捉えて，アイデンティティを論じ，ことばが使われる場との相互関係の重要性も唱えている。このような新たなアイデンティティ研究の展開がL2習得研究やL2教育にどのように生かせるのかも今後探究すべき課題であろう。また，L2研究とアイデンティティの研究で取り組むべき課題としてリンガフランカのL2使用者のアイデンティティが挙げられる（De Costa & Norton, 2020; Norton, 2016）。

　かつてのL2習得とアイデンティティの研究は，アイデンティティを固定的属性として捉えてL2習得への影響を検証する量的研究が多かったが，本章で概観したように近年は少数の対象に絞ってエスノグラフィーやインタビューなどによるナラティブで縦断的に研究したり，会話分析で詳細にやりとりを分析したりする質的な研究が多い。このような研究では，一般化を目的とせず，個別性のリアリティを捉えることを目的とするが，丁寧な質的分析の研究が蓄積されることで，L2話者，マルチリンガル話者の日本語資源の使用・習得とアイデンティティ構築の関係性の共通点も浮かび上がるであろう。

参照文献

岩﨑典子 (2018).「『ハーフ』の学生の日本留学：言語ポートレートが示すアイデンティティ変容とライフストーリー」川上郁雄・三宅和子・岩﨑典子 (編)『移動とことば』(pp. 16-38). くろしお出版.

岩﨑典子 (2021).「言語ポートレートから見る多層アイデンティティ：『アイデンティティの戦争』から複言語使用者へ」三宅和子・新井保裕 (編)『モビリティとことばをめぐる挑戦』(pp. 245-267). ひつじ書房.

尾辻恵美 (2011).「メトロリンガリズムと日本語教育：言語文化の境界線と言語能力」『リテラシーズ』9, 47-60.

尾辻恵美 (2016).「メトロリンガリズムとアイデンティティ」『ことばと社会』18, 11-34.

川上郁雄 (2013).「『移動する子ども』学へ向けた視座：移民の子どもはどのように語られてきたか」『「移動する子ども」という記憶と力：ことばとアイデンティティ』(pp. 1-43). くろしお出版.

川上郁雄 (2018).「『移動する子ども』からモバイルズ・ライブズを考える」川上郁

雄・三宅和子・岩﨑典子（編）『移動とことば』（pp. 245–271）．くろしお出版．

川上郁雄・三宅和子・岩﨑典子 (2018)．「『移動とことば』研究とは何か」川上郁雄・三宅和子・岩﨑典子（編）．『移動とことば』（pp. 273–293）．くろしお出版．

倉田尚美 (2018)．「移動する青年のことばとアイデンティティ：オーストラリアで継承日本語を学ぶ学生の事例から」川上郁雄・三宅和子・岩﨑典子（編）『移動とことば』（pp. 39–62）．くろしお出版．

嶋ちはる (2021)．「看護助手として働く外国人職員の就労場面における言語使用：病棟での業務遂行のためのトランスリンガルなやりとりを例に」『第二言語としての日本語の習得研究』24, 48–66.

嶋津百代 (2017)．「アイデンティティについて語るためのことば：外国語学習環境の日本語学習者によるディスカッションの考察」『関西大学外国語学部紀要』17, 1–16.

田中里奈 (2013)．「日本語教育における『ネイティブ』/『ノンネイティブ』概念：言語学研究および言語教育における関連文献のレビューから」『言語文化教育研究』11, 95–111.

鄭京姫 (2012)．「過去−現在−未来をつなぐことばとアイデンティティの意味：『日本人らしい日本語』が話せない日本人である僕の物語から」『ジャーナル「移動する子どもたち」：ことばの教育を創発する』3, 49–72.

中井好男・ソーントン キャサリン (2021)．「多様な地域方言のトランスランゲージングに関する一考察：日本国内を移動する L2 日本語使用者との語り合いから」『第二言語としての日本語の習得研究』24, 30–47.

野村和之・望月貴子 (2018)．「『心の拠り所』としての日本語：香港人青少年学習者による日本語学習のエスノグラフィー」『日本語教育』169, 1–15.

三代純平 (2013)．「「自分探し」のジレンマー韓国人専門学校生のライフストーリーからみる「動機」」細川英雄・鄭京姫（編）『私はどのような教育実践をめざすのか：言語教育とアイデンティティ』（pp. 143–163）．春風社．

村田和代 (2020)．「日本在住日系人へのインタビューナラティブの談話分析：表出するアイデンティティに着目して」秦かおり・村田和代（編）『ナラティブ研究の可能性：語りが写し出す社会』（pp. 3–24）．ひつじ書房．

八木真奈美 (2004)．「日本語学習者の日本社会におけるネットワークの形成とアイデンティティの構築」『質的心理学研究』3, 157–172.

Benson, P. (2017). Ways of seeing: The individual and the social in applied linguistics research methodologies, *Language Teaching*, advanced view, published online September 5, 2017. https://doi.org/10.1017/S0261444817000234

Benson, P., Barkhuizen, G., Bodycott, P., & Brown, J. (2012). Study abroad and the development of second language identities. *Applied Linguistics Review, 3*(1), 173–193.

Block, D. (2007a). The rise of identity in SLA research, post Firth and Wagner (1997). *The Modern Language Journal, 91,* Focus Issue, 863–876.

Block, D. (2007b). *Second language identities*. Continuum.

Brown, L. & Cheek, E. (2017). Gender identity in a second language: The use of first person pronouns by male learners of Japanese. *Journal of Language Identity & Education, 16*(2), 994–108.

Canagarajah, S. (2004). Subversive identities, pedagogical safe houses, and critical learning. In B. Norton & K. Toohey (Eds.), *Critical pedagogies and language learning* (pp. 116–137). Cambridge University Press.

Cook, V. (1999). Going beyond the native speaker in language teaching. *TESOL Quarterly, 33*(2), 185–209.

Cook, H. M. (2008). *Socializing identities through speech styles: Learners of Japanese as a foreign language*. Multilingual Matters.

Davies, B. & Harré, R. (1990). Positioning: The discursive production of selves. *Journal for the Theory of Social Behaviour, 20*(1), 43–63.

De Costa, P. & Norton, B. (2020). Identity in language learning and teaching: Research agendas for the future. In S. Preece (Ed.), *The Routledge handbook of language and identity* (pp. 586–601). Routledge.

Dörnyei, Z. (2009). The L2 motivational self system. In Z. Dörnyei & E. Ushioda (Eds.), *Motivation, language identity and the L2 self* (pp. 9–42). Multilingual Matters.

Firth, A. & Wagner, J. (1997). On discourse, communication, and (some) fundamental concepts in SLA research. *The Modern Language Journal, 81*(3), 285–300.

Fukuda, C. (2006). Resistance against being formulated as cultural other: the case of a Chinese student in Japan. *Pragmatics, 16*(4), 429–456.

García, O. & Li Wei (2014). *Translanguaging: Language, bilingualism and education*. Palgrave.

Hanaoka, V. E. W. (2020). Identity construction in interaction: International students' dynamic use and changing perceptions of the Japanese first-person pronouns *ore, boku* and *watashi*. *I-LanD Journal, Negotiation of L2 Identities in the Age of Transnational Mobility, 1*, 87–108.

Henry, A. (2017). L2 motivation and multilingual identities. *The Modern Language Journal, 101*(3), 548–565.

Iino, M. (2006). Norms of interaction in a Japanese homestay setting: Toward a two-way flow of linguistic and cultural resources. In M. A. Dufon & E. Churchill (Eds.), *Language learners in study abroad contexts* (pp. 151–173). Multilingual Matters.

Iwasaki, N. (2010). Style shifts among Japanese learners before and after study abroad in Japan: Becoming active social agents in Japanese. *Applied Linguistics, 31*(1), 45–71.

Iwasaki, N. (2011). Learning L2 Japanese 'politeness' and 'impoliteness': Young American men's dilemmas during study abroad. *Japanese Language and Literature, 45*(1), 67–106.

Iwasaki, N. (2019). Individual differences in study abroad research: Sources, processes and outcomes of students' development in language, culture and personhood. In M. Howard (Ed.), *Study abroad, second language acquisition and interculturality: Contemporary perspective* (pp. 237–262). Multilingual Matters.

Iwasaki, N. (2021). The linguistic repertoire and lived experience of a Slovak student: Contradictory dispositions to L1 Slovak and L2 Japanese revealed by language portraits. In R. Mitchell & H. Tyne (Eds.) *Language, mobility and study abroad in the contemporary European context* (pp. 207–224). Routledge.

Kramsch, C. (2009). *The multilingual subject.* Oxford University Press.

Kramsch, C. (2013). Afterward. In B. Norton (Ed.), *Identity and language learning: Extending conversation. 2nd edition.* (pp. 192–201). Multilingual Matters.

Kumagai, Y. & Sato, S. (2009). 'Ignorance' as a rhetorical strategy: how Japanese language learners living in Japan maneuver their subject positions to shift power dynamics. *Critical Studies in Education, 50*(3), 309–321.

Lantolf, J.P. (Ed.) (2000). *Sociocultural theory and second language learning.* Oxford University Press.

Lave, J. & Wenger, E. (1991). *Situated learning: Legitimate peripheral participation.* Cambridge University Press.

Liddicoat, A.J. (2016). Native and non-native speaker identities in interaction: Trajectories of power. *Applied Linguistics Review, 7*(4), 409–429.

Maa, J. & Burns, K.E. (2021). A tale of two language ideologies: Discursive co-construction of L2 learner identity in Japanese CMC interactions. *Foreign Language Annals, 54*(1), 207–232.

Nakamura, T. (2019). *Language acquisition and the multilingual ideal: Exploring Japanese language learning motivation.* Multilingual Matters.

Norton Peirce, B. (1995). Social identity, investment, and language learning. *TESOL Quarterly, 29*(1), 9–31.

Norton, B. (2000). *Identity and language learning.* Longman/Pearson Education.

Norton, B. (2013). *Identity and language learning: Extending the conversation.* 2nd Edition. Multilingual Matters.

Norton, B. (2016). Identity and language learning: Back to the future. *TESOL Quarterly, 50*(2), 475–479.

Ochs, E. (1993). Constructing social identity: A language socialization perspective.

Research on Language and Social Interaction, 26(3), 287–306.

Pizziconi, B. & Iwasaki, N. (to appear). Friends as mediators in study abroad contexts in Japan: Negotiating stereotypical discourses about Japanese culture. *The Language Learning Journal.*

Sacks, H. (1972). An initial investigation of the usability of conversational data for doing sociology. In D. Sundnow (Ed.), *Studies in social interaction* (pp. 31–74). Free Press.

Siegal, M. (1994). *Looking east: Learning Japanese as a second language and the interaction of race, gender and social context.* PhD dissertation. University of California, Berkeley.

Siegal, M. (1996). The role of learner subjectivity in second language sociolinguistic competency: Western women learning Japanese. *Applied Linguistics, 17*(3), 356–382.

Takamiya, Y. & Niendorf, M. A. (2019). Identity (re)construction and improvement in intercultural competence through synchronous and asynchronous telecollaboration: Connecting learners of Japanese in the USA and Sweden. In E. Zimmerman & A. McMeekin (Eds.), *Technology-supported learning in and out of the Japanese language classroom* (pp. 111–145). Multilingual Matters.

Takei, N. (2021). Meaning-making process of ethnicity: A case of Japanese mixed heritage youth. *Journal of Language, Identity & Education, 20*(4), 225–238.

Vygotsky, L. (1978). *Mind in society: The development of higher psychological processes.* Harvard University Press.

Wenger, E. (1998). *Communities of practice: Learning, meaning, and identity.* Cambridge University Press.

索 引

170

【著　者】執筆順

福田 倫子(ふくだ みちこ)　第1・2章／編著
文教大学文学部教授。広島大学大学院教育学研究科博士課程後期修了。博士(教育学)。著書：『日本語教育に役立つ心理学入門』(共著、くろしお出版)、『新・日本語教育を学ぶ―なぜ、なにを、どう教えるか―』(共著、三修社)など

奥野 由紀子(おくの ゆきこ)　第1章／編者
東京都立大学人文科学研究科教授。広島大学大学院教育学研究科博士課程後期修了。博士(教育学)。著書：『日本語で PEACE CLIL 実践ガイド』(編著、凡人社)、『超基礎・第二言語習得研究』(編著、くろしお出版)、『リアルな会話で学ぶ にほんご初中級リスニング Alive』(共著、ジャパンタイムズ)など

向山 陽子(むこうやま ようこ)　第3章
武蔵野大学大学院言語文化研究科教授。お茶の水女子大学大学院単位取得退学。博士(人文科学)。著書：『第二言語習得における言語適性の役割』(ココ出版)、『日本語教育に役立つ心理学入門』『第二言語習得の普遍性と個別性』(ともに共著、くろしお出版)など／第二言語習得研究会第4回佐々木嘉則賞受賞

阿部 新(あべ しん)　第4章
東京外国語大学大学院国際日本学研究院准教授。東京外国語大学大学院地域文化研究科博士後期課程単位取得満期退学。博士(学術)。著書：『小笠原諸島における日本語の方言接触―方言形成と方言意識―』(南方新社)、『Good Writing へのパスポート』(共著、くろしお出版)など

小林 明子(こばやし あきこ)　第5・6章／編者
島根県立大学国際関係学部准教授。広島大学大学院教育学研究科博士課程後期修了。博士(教育学)。著書：『日本語教育に役立つ心理学入門』(共著、くろしお出版)、『日本語教師のための CLIL(内容言語統合型学習) 入門』『日本語×世界の課題を学ぶ 日本語で PEACE』(ともに共著、凡人社)など

岩﨑 典子(いわさき のりこ)　第7章
南山大学人文学部日本文化学科・人間文化研究科言語科学専攻教授。アリゾナ大学大学院修了。PhD(Second Language Acquisition and Teaching)。著書：『The Grammar of Japanese Mimetics: Perspectives from structure, acquisition and translation』(共編著、Routledge)、『移動とことば』『移動とことば 2』(ともに共編著、くろしお出版)など

第二言語学習の心理 ― 個人差研究からのアプローチ ―

初版第 1 刷 ――――2022年 9 月 9 日
　　第 2 刷 ――――2023年10月25日

編著者――――――福田 倫子・小林 明子・奥野 由紀子
著　者――――――阿部 新・岩﨑 典子・向山 陽子
発行人――――――岡野 秀夫
発行所――――――株式会社 くろしお出版

　　　　　　　〒102-0084　東京都千代田区二番町4-3
　　　　　　　［電話］03-6261-2867　［URL］www.9640.jp

印刷・製本　シナノ書籍印刷　装 丁　庄子結香